少年莎士比亚

兼述彼时家庭与学堂生活

嬉戏游乐、世俗礼仪

风尚习俗及乡野传说诸事

【美】威廉·詹姆斯·罗尔夫 著

仲晋锐 译

插图四十一幅

本书根据

LONDON CHATTO & WINDUS

1897 版译出

Shakespeare the boy

Translated by Jinrui Zhong
Publisher: Island of Light
ISBN: 979-8-9985011-9-7

First Edition: March 2025
Published in the United States
Printed and distributed by IngramSpark

Trim size: 148 × 210 mm
Format: 1/32 (32mo)
Word count: approx. 115,000

For inquiries or permissions, please contact:
Jinrui096@gmail.com

序言

两年前，受《青年之伴》编辑之邀，我曾为该刊撰写四篇短文，以通俗笔调述说莎士比亚的少年时代。当时即已商定，日后我或可据此扩充成书，而今则正是践行这一约定的时候了。原稿经我细加修订，内容扩充约为原来三倍之长，并新添第五章，遂成此书。

书中所引材料出处，多已于正文及注释中详细交代。我尤为感念以下著作之助益：哈利韦尔-菲利普斯《莎士比亚生平纲要》、奈特《莎士比亚传》、弗尼瓦尔为“利奥波德版”莎士比亚戏剧所作的导论、他的《儿童之书》与哈里森《英格兰风物志》之校订本、悉尼·李《斯特拉福镇记述》、斯特拉特《游戏与消遣》、布兰德《大众古俗志》，以及戴尔的《莎士比亚戏剧中的民间传说》。

我衷心期望此书能令年轻读者对莎士比亚童年时代的英格兰乡村生活稍有所见；并冀望此书亦可帮助他们——甚或他们的长辈——更清晰地领略莎翁作品中诸多典故与隐喻之妙义。

威廉·詹姆斯·罗尔夫

剑桥，1896 年 6 月 10 日

少年莎士比亚

译者序

幼年时期的我曾经三度造访莎翁故居，母亲每次都会让我在后花园的石台上背诵一小段《哈姆莱特》。我总是在背诵完毕后伫立良久，在那一刻，我觉得思绪像天边的浮云一样遥远，大自然的面貌在我周围展开：青青树丛与蔷薇，果树郁闭成荫，不远处的埃文河静静流淌。故居的式样按照 1574 年的场景再现，一切原封未动。时光仿佛回到了四百多年前，一个男孩在我站立的位置玩耍，这里有他生活过的痕迹，在日后的伟大创作里，他经常充满深情的描绘这些场景。

我忆起他的诗歌，一切是那么凝练，动人，富有光彩，他曾漫步于故乡的田野采撷自然的诗意，他观察人生万象来让笔下的文字富有活力。

约翰·洛克曾言："心灵是一块白板，由经验填充。"他的论著中屡次强调环境对于人思想的塑造，一切皆受成长环境所影响。我们认为，莎士比亚在华威郡的童年为他未来的创作奠定了丰厚基础。家乡的森林园圃成为了他早期诗歌的素材，优美的环境唤起他对诗歌的热爱，剧院的喧嚣与市集的百态，则引发了他对人性的深刻洞察。

我迫切想让更多人看到莎士比亚丰富的童年经历，然经我检索，中文出版物中还未有此类著作，也没有相关译著。既觉意义非凡，我便开始尝试编译本书，让更多人看到这位文学巨匠丰富有趣的少年时代。

在翻译过程中，我经历了无数个夜晚的潜心研读、校对，不仅不厌，反而深切领会到了此书的趣味。我想，这便是回馈给我的最佳酬报。

若有谬误不当之处，还请读者不吝批评、指正。

仲晋锐

巴塞罗那，2024 年 12 月

目录

第四部分 游戏与娱乐

第五部分 节日、庆典与集市等

注释

插图目录

少年莎士比亚

第 I 部分

故乡及邻近地区

莎士比亚出生故居（约 1820 年景象）

华威郡

早在莎士比亚生活的年代，华威郡便被誉为“英格兰的心脏”。这说法最初正是由莎翁之好友、年长他一岁的诗人迈克尔·德雷顿所提出的。德雷顿在 1613 年所著的《群岛颂》（Poly-Olbion）中，将自己出生的华威郡描述为“此郡堪称吾英格兰之心”，言下之意，此说似乎源自他本人首创。此称谓无疑最初源于华威郡独特的地理位置——它地处全岛正中，从此地向东、西、南三方海岸的距离大致相等；但无论就历史底蕴、传奇韵味，还是诗意情怀而言，“英格兰之心”的称号亦是再贴切不过了。德雷顿在《群岛颂》中所写的韵体地理诗虽稍显平淡冗长，然至第十三卷，当他转而歌咏华威郡时，却骤然生发出一种真实而隽永的诗情：

“壮哉华威，长久以来高扬其熊之旗帜，
历代伯爵显赫威名，名播海外异域；
凌驾于邻郡之上，昂首于群伦之间。”

德雷顿诗句之间所流淌的韵律，似乎捕捉了画眉与云雀的悠扬，也道尽了黄嘴乌鸫与夜莺的婉转鸣啭；当他描绘这些栖息在华威郡繁花锦簇的田野上的鸟儿，吟唱它们甜美的歌声时，言语之间颇见巧妙。然而在莎士比亚笔下，这些鸟儿所唱的歌谣却更为灵动细腻，更近于今日人们徜徉于埃文河畔，闲步于乡野林间时所倾听到的悠然之声。

华威城堡与圣玛丽教堂

华威郡乃英格兰之心，而华威镇周遭方圆约十英里的土地，则可谓这颗心脏之核心。圆心之一侧，坐落着斯特拉福、肖特里和威尔姆科特（莎士比亚母亲的故乡）；另一侧，则有肯尼尔沃思与考文垂两城遥相呼应。

华威镇内即矗立着闻名遐迩的华威伯爵城堡，司各特爵士称其为“古昔骑士荣光之中，最为美轮美奂且历久不衰的丰碑”。早在将近二百五十年前，言辞朴实可信的达格代尔便曾为这座城堡留下如下记述，而时至今日，读来犹不失真切。他言道，此堡“非但坚固壮伟，且又赏心悦目；四周园林优美，垣墙深邃，繁花茂树幽蔽，以致此郡此地，罕有与之比肩之处。故而此城堡堪称英伦中部诸地，最具王者气象的府邸。”

华威城堡

即便在莎士比亚时代，华威城堡便已极为古老。“凯撒塔”虽依传说得名于伟大的朱利叶斯·凯撒，但其真正的建造年代早已湮没于时光深处；而纪念传奇英雄“华威的盖伊”而建的盖伊塔，则建于公元 1394 年。毫无疑问，十六世纪的城堡外观较之今日更显古旧斑驳，彼时建筑已有些年久失修。直到詹姆士一世时代，城堡才耗费巨资得以全面修葺装饰，终成邓代尔所描述的华贵典雅之城堡府邸。

然则，即便城堡如邻近的肯尼尔沃思一般倾颓破败，其所处之境亦不减旖旎。托举城堡的高岩依旧傲然矗立，埃文河水依旧潺潺轻漾于崖底，偌大的园林依旧沿河铺展，茂林修竹、空地幽谷相间映衬。这座贵族庄园所有天赋自然的风韵，任凭世事变迁，终会亘古不移。

我们有理由相信，少年莎士比亚对此地必然十分熟稔。华威与肯尼尔沃思，当是他前往伦敦之前，唯一亲眼所见的贵族城堡；而他日后纵然遍览英伦诸多其他城堡，这两座城堡无疑仍将保留他少年时最初的憧憬与理想。

莎士比亚一生或许从未踏上苏格兰的土地；因此，当他在笔下描绘麦克白城堡之景时，他心中所浮现的画面，必然就是华威或肯尼尔沃思城堡——其中更可能是华威城堡。他如此写道：

“这城堡占据如此美妙的所在；

空气轻盈芬芳，

温柔地取悦我们的感官。

夏日的嘉宾——神庙筑巢的檐燕，

以它钟爱的栖居，证实此地气息馥郁；

无论突出飞檐，墙缘横饰，

或扶壁拱角，这飞鸟

无处不垂挂它的巢居与生息之床。

凡它们栖息繁衍之处，

我皆发现，空气尤为清新。”

莎士比亚时代，华威镇的圣玛丽教堂亦早已矗立——其历史悠久，风韵雅致，仅次于斯特拉福镇的圣三一教堂。1694 年，这座教堂曾遭大火侵袭，然庆幸的是，其精美绝伦的唱诗席和壮丽的圣母礼拜堂（亦称博尚礼拜堂）未曾焚毁；如今我们所见之景，除去后来增添的纪念碑之外，正与昔日莎士比亚亲眼所见并无二致。他曾凝望唱诗席间托马斯·博尚伯爵华丽的墓冢，以及毗邻礼拜堂内更为宏伟壮观的理查·博尚墓；后者在举国上下，唯有威斯敏斯特教堂内亨利七世之墓方可与之媲美。

他亦曾如今日我们一般，注视着伯爵全副镀金铜甲、安卧于墓碑之上，头顶天鹅，足下饰以狮鹫与熊，双手作虔敬祈祷之势，左膝饰以嘉德勋章；其上方更有铜环制成的华盖，灿灿生辉。他亦曾如今日我们一般，读着墓碑檐角上镌刻的铭文，上书此“最受敬仰之骑士于主后 1439 年四月之末日，以纯洁基督徒之身份辞世，其时任法兰西王国总督与摄政”，以及他如何被迎回华威，于同年十月四日“以庄严隆重之葬礼，葬于此教堂之华美石棺中——荣耀归于上帝。”年少的莎士比亚，也曾如今日我们一般，仰望着雕刻精妙绝伦的石制穹顶，以及那宏伟的东侧大窗；窗上至今仍保留着将近四个半世纪前镶嵌的原初玻璃，其间镶绘理查伯爵身披盔甲、双手上扬跪祷的画像，肃穆虔诚，历久弥新。

至于“贵胄幼子罗伯特·达德利”（1584 年去世）的墓碑，其上有一孩童之雕像，年约七八岁，神态端丽；莎士比亚或许曾于晚年返回斯特拉福时亲眼目睹。此外，这位“贵胄幼子”之父、伟大的莱斯特伯爵罗伯特·达德利（1588 年去世）的华美墓碑，他亦可能见过。但在莎翁年少之时，这位著名的贵族尚在其鼎盛之际，荣光显赫，居于五里之外的肯尼尔沃思城堡中；此城堡之风采，我们稍后再行拜访。

历史中的华威

此处篇幅有限，仅能简略言及华威——特别是其著名伯爵、“造王者”理查·内维尔（Richard Neville）——在英格兰历史中的重要作用；而莎士比亚则正是以此段历史作为多部戏剧的创作基础，如《亨利六世》三部曲以及《理查三世》。内维尔无疑是那动荡岁月中最为显赫的人物。早在他迎娶理查·博尚伯爵之女、继承人安妮之前，便已在对苏格兰的战争中英勇扬名；婚后，他更成为王国中最有权势的贵族，承袭华威伯爵头衔，并继承了华威家族庞大的地产与财富。除了家族世袭的丰厚收益，他所任高官显职也为其带来了更多收入。然而，他对待财富却极为慷慨，据称每日约有三万人在他众多府邸接受馈食。

莎翁剧作《理查三世》中，以别出心裁方式被主人公理查追求的“安妮夫人”，便是这位“造王者”的小女儿，1452 年诞生于华威城堡。

安妮夫人的丈夫即为亨利六世之子、威尔士亲王爱德华，在蒂克斯伯里之役阵亡。

而在莎士比亚《亨利四世（下）》中出现的华威伯爵，则正是前文提及的理查・博尚，即“造王者”岳父。此人在《亨利五世》中亦有现身，《亨利六世（上）》第一场也有其角色出现，但未有台词；至于戏中后续场景中出现的华威伯爵，有人认为正是他本人，而非其子，虽然此说在历史细节上存在一些难以调和之处。在《亨利四世（下）》第三幕一场中（66 行），莎士比亚还曾误将其姓氏写作“内维尔”（Nevil），而非博尚（Beauchamp）。

真正的华威伯爵头衔，则在“造王者”于巴内特之役阵亡之后即告绝嗣。此后头衔被授予克拉伦斯公爵乔治——即日后在其“亲爱”兄弟理查命令下被溺死于酒桶之中的那位；随后又传至克拉伦斯公爵的幼子，即《理查三世》剧中的另一人物。这位幼子继承其父不幸命运，长年被囚禁于伦敦塔，最终以莫须有的罪名受审，继而惨遭杀害。至于此后华威伯爵头衔的种种变迁，由于未出现在莎士比亚的剧作之中，此处便不再赘述。

华威的盖伊传奇

莎士比亚显然不仅熟悉华威郡的史实，对当地流传的传奇故事亦颇为熟稔。盖伊，这位华威城名闻遐迩的传奇英雄，莎翁在少年时便已定然听闻；日后，他更有可能亲自造访过位于华威镇边缘的“盖伊悬崖”（Guy's Cliff），相传这位传奇人物便是在此度过其暮年时光。当今学识渊博的考古学家虽已证实盖伊的事迹纯属神话虚构，然而平民百姓却依旧深信不疑：埃文河畔的峭壁之中，至今尚存所谓盖伊隐居的“洞穴”；一座所谓的礼拜堂内，更有他的巨大雕像巍然屹立；而我们岂非还能在华威城堡大厅亲眼目睹他的巨剑、巨盾与护胸甲、头盔及拐杖？单是那护胸甲，便重逾五十磅，除去伟力盖世的盖伊，世间孰人能堪此重？大厅内尚存他的大型金属粥锅，容量超过百加仑，更有与之匹配的巨大餐叉。此外，传说中被盖伊所斩杀的、曾一度令附近乡野闻风丧胆的“褐色魔牛”，亦有其硕大肋骨及其他遗骸供人凭吊。诚然，固执的学者们虽怀疑这些遗骸出自牛类，更不相信有这样一位壮勇盖世的英雄存在；然而，平民百姓对此却深信不疑，这般朴素信念非任何学问所能动摇。

盖伊众多丰功伟绩之中，最著名者莫过于他与巨型撒拉逊人（即穆斯林武士）科尔布兰德（Colbrand）的决斗。据古老的民谣所载，这位科尔布兰德曾于十世纪协助丹麦人对抗英格兰国王阿瑟尔斯坦，却最终命丧盖伊之手。后来盖伊又踏上朝圣之旅，前往圣地耶路撒冷，将其妻独自留守城堡之中。一去数年，杳无音讯，而盖伊夫人则一直过着虔诚高洁的生活，并时常施舍给一个在城堡附近、埃文河畔僻静处隐居的贫穷朝圣者。有时她或许也曾与这位老迈朝圣者闲谈，提及她失踪已久、如今被她假定早已葬身于东方瘟疫或异教徒利剑之下的丈夫。终于有一日，夫人忽然收到邀请，前往探望奄奄一息的老朝圣者。及至相见，盖伊夫人大为震惊：眼前这位年迈憔悴的朝圣者，竟然就是她失踪多年的丈夫盖伊！原来，当年盖伊在向夫人求婚之际，她曾要求盖伊必须先完成一系列勇武之举，方能与他成婚；盖伊为达成这一要求，虽功勋卓著，却也留下诸多良心难安的罪过。故而他自圣地返回故土之后，遂立下誓言，以朝圣者之身、僧侣之道度其余生，以赎当年功名背后的罪孽。

如同所有传奇一般，盖伊的故事流传甚广，并演绎出不同的版本。另一说法记载，当盖伊返回华威时，曾于城堡大门前向其妻乞求施舍，然夫人并未将他认出；盖伊以此为天意未息其怒的征兆，遂悄然隐退于河畔峭壁间的小屋，直至临终之际方才向妻子表明真实身份。

莎士比亚本人亦曾于剧作中提及盖伊的传奇。在《亨利八世》（第五幕第四场，22 行）中，有人惊叹道："我既非参孙，亦非盖伊爵士，更非科尔布兰德。"而巨人科尔布兰德（Colbrand）亦再度于《约翰王》（第一幕第一场，225 行）中出现，被称为"科尔布兰德，那个力大无穷的巨人。"

盖伊隐居之处坐落于埃文河岸，风景旖旎，令人心旷神怡；自古以来，此地便确实存在过一处隐士修道的小屋。1422 年，理查·博尚伯爵曾在此为两名司祭建立了一所祈祷堂，并在遗嘱中留下明确指示，要求重建此堂并在其中树立盖伊雕像。亨利八世解散修道院之时，这座小堂及其附属财产被转赠给一位名叫弗拉莫克（Flammock）的绅士；此后，这处地方便一直作为私人宅邸，现存府邸则于十八世纪初始建。宅邸附近埃文河畔尚存一座古老的水磨坊，从此处可远眺河流与峭壁之美景。昔日著名女演员席登斯夫人（Mrs. Siddons）曾在盖伊悬崖宅邸寄居过一段时日，其时她为玛丽·格里特希德夫人（Lady Mary Greatheed）的贴身女仆，而玛丽夫人的丈夫，正是这座华美宅邸的建造者。

肯尼尔沃思城堡

此刻，我们须转向肯尼尔沃思，尽管无法在它将要倾颓的墙垣间久作徘徊——尽管荒废残损，却依然壮美非凡。倘若如司各特所言，华威城堡乃此类建筑中未遭时光侵蚀、至今犹为贵族居所的典范，那么肯尼尔沃思便是所有沦为废墟的堡垒之中最为壮观、最令人叹惋的一处。

肯尼尔沃思城堡门楼

即便在莎士比亚的时代，这座城堡便已极为古老；它最初兴建于十一世纪末，而两百年后，即 1266 年，曾被反叛的男爵们占据长达半年，以对抗亨利三世。此后城堡数易其主，命运迭宕变迁，终为伊丽莎白女王所赐，归于罗伯特・达德利，即莱斯特伯爵所有。伯爵为扩建装饰城堡，挥霍巨资达六万英镑（折合当时三十万美元，现今价值至少两百万美元）。司各特爵士在小说《肯尼尔沃思》中曾对城堡盛况作过描述，其笔调虽富浪漫色彩，却绝无夸张失实之处——事实上，欲加夸张亦不可得。至今仍完整矗立的城堡门楼，正如司各特所言，"其规模宏伟远胜北方诸多领主的男爵城堡"；然而，这门楼仅不过是整座恢宏建筑的入口而已。坚不可摧的城墙环绕起七英亩之地，既是一座坚固无比的堡垒，又是一处富丽堂皇的宫殿。

1575 年，莎士比亚十一岁时，肯尼尔沃思城堡曾有盛大庆典，附近乡野之人纷至沓来，共赏其间胜景。那年七月九日至七月二十七日之间，莱斯特伯爵罗伯特・达德利盛情款待了伊丽莎白女王，为女王献上了一系列豪华壮观、华丽非常的庆典表演，倾尽彼时极致奢华之风尚。当时罗伯特・莱恩汉姆先生以编年史家的身份详尽记录了盛况；虽然司各特爵士曾戏称他为"古往今来涂墨纸张之士中，最为自负风雅的一位"，但其记述却毋庸置疑，真实可信。他曾生动地写道，为表明伯爵待客之诚，"女王陛下驾临期间，钟楼之钟未曾鸣响一次；时钟亦随之停止运转，时针、分针静止不动，始终指向两点钟"，而这正是宴会开始的时刻！另据记载，这次庆典期间所消耗的啤酒即达三百二十大桶之多；整场活动每日耗费据称高达一千英镑（约合五千美元）。

约翰·莎士比亚作为斯特拉福镇一位富裕的市民，自然很可能亲眼目睹了那场壮观的盛事；而他携带儿子威廉一同前往观看的可能性亦不小。后来莎士比亚在《仲夏夜之梦》（第二幕第一场，第150行）中的描绘：

“人鱼乘骑海豚之背，

婉转悠扬地放歌轻吟，

令汹涌的怒海也温柔驯服于她的乐音之中”

或许正来源于彼时庆典中所呈现的奇妙场景，亦未可知。

以上种种奇妙描绘，仿佛正是昔日肯尼尔沃思庆典之盛景再现。当日庆典上，传说中的乐师阿里翁跨海豚而至，高吟妙曲；人鱼之形的海神特里同威严临世，挥手平息万顷波涛。其时焰火腾空，流星纷落，坠入澄澈水波；正如莎翁笔下奥伯隆所道：

“繁星狂乱，离其轨道，

只为谛听海上仙音缥缈。”

当莎士比亚日后创作此剧，勾勒仙境迷梦之时，少年时代这场亲眼所见、如梦似幻的庆典，必定再次萦绕心头，与他奇丽奔放的想象交织相融，共同成就了笔下的瑰丽世界。

考文垂

自华威至肯尼尔沃思的路途，实乃英伦一绝；而再前行五里，直抵考文垂的一段，更被誉为举国无双。然而，此处的景致与前一段之美各具其妙，正如前一段之风韵，又与从华威至斯特拉福的景观不同，各有胜场，各具神韵。

自此迤逦前行，直抵肯尼尔沃思沿途之境，乡野之间风景如画，美不胜收：或丘陵起伏，或山谷幽深；或田野交错，或森林茂密；更兼河岸清波潋滟，村舍点点散落；庄园高贵典雅，古堡庄严肃立，教堂静谧安然——凡此种种，宛若画卷般徐徐展开，变幻无穷，壮美非凡。待至行至此处，眼前豁然开朗，一条笔直大道延伸近五英里，两旁高耸的榆树与槭树夹道相迎，如仪仗威严庄重；其整齐之气象，与此前千变万化之景致交相辉映，令人心折不已。

循此华丽幽深的林荫大道，遂入考文垂。今日考文垂虽已不复旧日繁华，然昔年风华犹存，隐约可辨。莎士比亚时代，此地乃全英第三大城，人称“王子之堂”；彼时城中修道院林立，气象恢宏，富丽堂皇，更兼此地自古以来便为王室气派、骑士风范与历史盛事交汇之所，堪称英伦无双。

早在 1397 年，亨利·博林布鲁克（即后来的亨利四世）便曾与诺福克公爵托马斯·莫布雷在此剑拔弩张，展开决斗；莎士比亚以《理查二世》为之立传，使其流传千古。此后，亨利四世屡次于此召开议会；亨利六世携王后、理查三世、亨利七世、伊丽莎白女王及詹姆士一世，亦多次驾临考文垂，恩宠嘉奖，不绝于书。

此外，考文垂在英国戏剧史上亦享有显赫地位。昔日城中伟大的灰衣修士修道院，以其演出的宗教剧而闻名遐迩；纵然修道院被解散之后，这些剧目依旧持续多年，虽规模有所减缩，却风采犹存，直至 1580 年方才彻底停演。莎士比亚十六岁时，或许便曾亲眼目睹这类宗教剧的最后余晖；即便未曾亲历，他也定然听闻过昔日盛况：据邓代尔所记，“往昔修士演出之时，场景威严庄重，气势恢弘；他们筑起宽广高耸的戏台，置于车轮之上，缓缓行进至城中各大要地，以便众人尽享观剧之乐；剧中所演皆为《新约》之事，配以中古英语韵文，典雅古朴，韵味悠长。”据传此类宗教剧多达四十三出，一直上演至丁尼生诗中所言：

“豪迈哈里破门闯入库房，

将修士们驱逐四方。”

当年少年莎士比亚若真曾目睹这些宗教剧，其时演出者应已非修士，而是由城中各行会（即行业公会）轮流担纲演出。譬如：基督诞生、三贤士献礼、逃亡埃及与屠戮婴孩等场景，由剪羊毛工和裁缝工人联袂呈现；而铁匠公会所献，则为基督受难；制帽匠的表演内容则是基督复活，依此类推。时至今日，各个行会的账簿依旧留存，记录着诸多饶有趣味的支出：譬如为希律王添置头盔、为其妻购置装扮，为犹大准备假胡须和用于悬挂他的绳索，等等。在布商行会的账目里——其演出场景为“最后审判”——我们还能读到“点燃世界之火的火把”、“模拟地震的木桶”等类似舞台道具的采购记录。

在铁匠或铠甲匠公会的账本中，则赫然记载着如下花费：

一项：购置五张羊皮，制成上帝的外袍并付工钱，三先令。

一项：修补希律王的头饰、主教冠及其他杂物，两先令。

考文垂教堂与宗教剧盛景

一项：修饰魔鬼的头颅，八便士。

一项：为上帝购置手套一副，两便士。

所有道具之中最为精致且花费最巨者，当属名为“地狱之口”的装置，常常出现在不同剧目中，尤以“最后审判”的演出为甚。此道具以巨型帆布制成，绘成巨大而狰狞的头颅，张着血盆大口，獠牙森然，口中烈焰翻涌；其颚可自由开合，魔鬼由此进场，而堕落灵魂亦由此退出。这一装置需经常维护修补，耗资不断，因此各行会的账簿中常常出现以下类条目：

“付制绘地狱之口费用：十二便士。

付维持地狱之口火焰费用：四便士。”

时至今日，昔年宗教剧演员服饰之奇妙细节，仍留存于史册：扮演基督者，身披涂绘镀金之白色皮袍，头戴鎏金假发；而希律王则戴面具，覆以头盔，有时甚至是铁盔，以金银箔饰之，手持长剑与权杖。此人实为剧中极其重要之角色，而其在台上横冲直撞、咆哮暴怒之情态，久而久之竟成谚语典故；莎士比亚在《哈姆雷特》（第三幕第二场，第 16 行）中，便称之为“比希律更希律”，而《温莎的风流妇人》（第二幕第一场，第 20 行）亦云：“这家伙简直是犹太地的希律王！”

所有演员皆可获得报酬，数额则视角色之轻重而定；与莎翁时代剧院习俗一般，演员一人常扮演数角。除去金钱薪酬外，行会还丰厚供应酒食犒赏诸位演员，尤以啤酒最为丰盛；而在剧中扮演彼拉多者，不但薪酬最高，演出期间更可享用美酒，以替代常规所供应之啤酒。

此前提及“地狱之口”中坠落的“堕落灵魂”，剧中亦有“得救灵魂”，其服饰皆纯白无瑕，而堕落之魂则衣着黑色，或黑黄相间；莎翁于《亨利五世》（第二幕第三场，第43行）中亦曾提及此景，称巴道夫（Bardolph）通红鼻尖上的跳蚤“仿若黑色灵魂于地狱烈焰中焚烧”。

至于魔鬼，则一袭黑皮袍，戴面具，持大棍，奋力四处挥舞；其外裳常覆以羽毛或马鬃，使之形容狰狞；传统之上，亦偶加兽角、尾巴及分趾兽足。

此类宗教剧，惯常于“圣体节”（即三一主日后的星期四）上演；然亦偶尔择其他吉日献演，尤以王室驾临考文垂之时为盛。1455年玛格丽特王后驾临时即曾有此盛举；1474年爱德华王子、1498年亚瑟王子、1510年亨利八世，以及1565年伊丽莎白女王亲访之际，亦曾举行如此盛大演出，以迎接王室君临，城中盛况，由此可想而知。

除了前述内容之外，莎士比亚在其他作品中亦曾数度提及这些古老剧目，足见纵然他未曾亲眼所见，也定然耳闻详尽。

除圣经题材之外，至少在莎士比亚出生前一个世纪，考文垂城中善良淳朴之居民亦早已熟悉以历史为主题的庆典剧目。如他在《爱的徒劳》中加以诙谐戏仿的《九大豪杰》，便曾于1455年在亨利六世与王后驾临考文垂时演出。该剧原始剧本犹有留存；而莎士比亚笔下诙谐戏谑之言辞，几乎可视作对原剧文句之精妙模仿。

然而，我们不可在考文垂“三座尖塔”的华美倒影下久作停留，也只能简略提及著名的戈黛娃夫人传奇——她为免城中居民负担沉重税赋，毅然赤身策马穿行于街市之间。这一故事即便在莎士比亚时代，也已流传悠久；事实上，它或许早已如考文垂诸多传说一般，被搬上戏台。然而经考证，此故事并无真实历史根据，十四世纪以前的任何史书皆无记载，纵然传说中伯爵确实生活于十一世纪末期。城中本笃会修道院，据称即为这位伯爵于1043年所建；伯爵本人于1057年辞世，他与夫人皆安葬于修道院门廊之下。至今考文垂赫特福德街一隅的古老屋舍上层，犹可见传说中那位“偷窥的汤姆”（Peeping Tom）之雕像。

莎士比亚虽从未提及戈黛娃夫人之故事，但此传奇于他当时，想必亦已家喻户晓。

查尔科特庄园

自华威折返，再行八里，便抵达斯特拉福。途中若择其一道路而行，即可经过查尔科特庄园及其庄园；昔日莎士比亚偷猎鹿群之传闻，便与此地有着千丝万缕的联系。这座古雅庄严的府邸，坐落于一望无垠的原野之中，遍野高耸的榆树点缀其间，气势恢弘。

蜿蜒迂回的埃文河自西侧轻轻环绕着这座宅邸。府邸临水而筑，自莎士比亚时代起，便一直归属露西家族所有。尽管近年稍有扩建，原始结构却始终未曾有过大幅改动。这座府邸于1558年伊丽莎白女王即位之年开始兴建，翌年（1559年）落成。昔日原址上曾屹立着一座更为古老的宅第，惟今已踪迹无存；彼时，托马斯·露西爵士之先祖拥有此处土地已逾五百载。如今宅邸平面布局恰似大写字母“E”，据传乃特为向“童贞女王”伊丽莎白致意，彼时英伦各地贵族所筑府邸常有此布局，以示崇敬仰慕之意。宅邸正门之上，皇家徽章赫然入目，两侧环绕字母“E.R.”（Elizabeth Regina，即女王伊丽莎白），并附有宅邸主人姓名首字母“T.L.”。

查尔科特庄园

宅内鲜有可唤起古昔情怀之物，惟图书室中尚存几件珍贵旧物——几张椅子、一张卧榻，以及一座镶嵌象牙之乌木橱柜。据说，这些家具系 1575 年伊丽莎白女王赠予莱斯特伯爵之物，十七世纪自肯尼尔沃思运至此处。大厅中则立有一尊现代雕塑的莎士比亚半身像。

关于莎士比亚少年时曾在托马斯爵士庄园内偷猎鹿群的传说，未必毫无依据。尽管有批评家曾力图证明夏勒科特当时并无鹿苑，然托马斯·露西爵士在附近尚有其他产业，雇有猎场看守。且正于 1585 年 3 月（亦即莎士比亚据称偷猎鹿群的时间附近），他本人曾向议会递交提案，要求加强对猎物的保护，由此亦可见一斑。

支持莎士比亚偷猎传说的最有力证据，当属其剧作中明显表露出他对托马斯·露西爵士的怨怼之情；他曾在《亨利四世》与《温莎的风流妇人》中，将这位爵士戏谑嘲讽为“浅薄法官”（Justice Shallow）。尤其在《温莎的风流妇人》中，莎翁笔下法官家徽上“十二尾白色狗鱼”（luces）之说法，显然是影射露西（Lucy）家族家徽上那三尾狗鱼。剧中人物刻意频繁提及家徽之事，可见莎士比亚此处别有用心，含有明显的私人嘲讽之意。

然而须知，当时除受害者之外，一般人皆视偷猎为无伤大雅的小错。菲利普·锡德尼爵士笔下的“五月夫人”甚至称偷猎鹿群为“一桩可爱的差事”。牛津大学的学生在当时全英更是臭名昭著的偷猎好手，尽管校规明文规定，一经发现偷猎即予开除，但仍屡禁不止。福尔曼博士记载道，1573 年时，曾有两名牛津学生（其中一人后来甚至成为伍斯特主教），比起专心学业，更热衷于此类活动；另有一位诚实善良之士，晚年叹息自己少年时竟未能参与这类勾当，以致错过了许多宝贵的经验。他甚至相信，偷猎其实对年轻人而言是一种极佳的磨练。

然吾辈切不可因此遽然推断：托马斯·露西爵士当真如剧中

“浅薄法官”一般愚钝可笑。实则相反，此人似颇具才干，身为治安官亦尽职尽责，性情更为和善可亲。斯特拉福城镇史册之中，多次记录了露西爵士履行司法职务之事迹；更有趣的是，此人每次审案之时，城镇支出账簿上几乎都伴随着红葡萄酒与干白葡萄酒等饮品的花销记录，甚至于审理酗酒者时亦不例外。譬如在1558年的镇史记载中便云：“托马斯·露西爵士审理酗酒案之日，购置葡萄酒与糖之费用，共计二十便士。”

查尔科特庄园正门

此人婚姻幸福、家庭美满，于夏勒科特教堂中其妻子之墓志铭上亦可略窥一二。露西夫人于1595年辞世，享年六十三岁；

其墓志铭洋洋洒洒，赞颂备至，其辞曰：

托马斯·露西爵士

“她生前一生，忠于上帝，虔诚不渝；品行纯洁无瑕，不染丝毫罪恶与邪念；信仰端正而坚定；对丈夫之爱忠贞不二，始终如一；待友谊持久真诚；对受托之事谨守秘密，毫不外泄；智慧卓越超群，治理家室井然有序，教育后辈于上帝之畏敬之中，堪称世间罕有；待客慷慨，广施仁义；得上者之称赞，唯嫉妒者不悦。纵观生平，实为世间难觅其匹之贤德女子。她一生善德昭彰，离世之时亦虔诚安然。以上诸语，乃最熟知其德行之人所书，即托马斯·露西本人。”

写出如此华美深情悼词之人，或许身为法官时稍显严厉，却断然不会是莎士比亚笔下那个无能滑稽的罗伯特·夏洛法官（Robert Shallow）。

埃文河畔斯特拉福

斯特拉福镇地势和缓，自坡地迤逦而下，直抵埃文河畔；河岸柳影婆娑，古老的柳树低垂水面。诗人或许正是忆及此景，方才描绘出可怜的奥菲莉亚（Ophelia）凄美离世的情状：

“一株垂柳，斜倚溪流之上，
苍白的叶底，映照于澄澈溪水。”

如此生动的描写，唯有曾亲见柳叶背面那素白色泽于水中摇曳之人，方能道出。吾辈亦不禁相信，身处遥远伦敦之时，莎士比亚于其早期剧作《维罗纳二绅士》中，所吟咏的那段韵律曼妙而意味深长的流水比喻，也定然源于他对故乡埃文河的追忆——唯有那华威郡清溪的风致情态，方能契合如此贴切：

“那潺潺溪水，缓缓流淌，
一遇阻碍，便怒浪翻涌；
然一旦顺畅无碍，
它又与嵌于水底的卵石吟唱轻柔之歌，
吻过途经的每一株蒲草，
一路蜿蜒曲折，嬉戏着奔向狂野海洋。
莫要阻我前行，让我自由流淌；
我会如温柔溪流般耐心前行，
以旅途的每一步为欢娱，
直至最终抵达吾爱身旁；
而我将在此歇息，犹如历经无尽风浪之后，
幸福灵魂终于抵达了天堂。”

今日的埃文河，与三百年前相比，风貌或许未曾稍改；然而城镇本身却大为不同。想来若我等回到昔年拜访此地，未必能如今日这般惬意舒心。

吾辈恐难想象，诗人之父约翰·莎士比亚曾因在其宅前（亨利街）堆放“sterquinarium”（拉丁语，意为粪堆）而被罚款；如今亨利街与斯特拉福镇其他街巷一般，皆洁净如乡间农舍之地板。当时城镇卫生状况实堪忧虑，史料确凿可证。倘若约翰·莎士比亚当年将粪堆置于宅后，而非屋前，或许便能免受罚款之责。

然则当时斯特拉福镇之卫生状况，亦未必较英国其他城镇更为恶劣。在那些常被后人称道为“旧日美好时光”的岁月里，瘟疫席卷全境，乃因举国上下皆有污秽不洁之生活习惯——王公贵族之豪宅与国王之宫廷竟与穷困农舍一般脏乱。彼时，皇家觐见厅与宴会厅地面尚未铺设地毯，而是以成束灯芯草（rushes）铺就；草席非到腐败难耐之际绝不更换。人们往往只得燃点芬芳香料以掩盖秽臭——莎士比亚在《无事生非》中亦有所提及，剧中云：“焚起熏香，以除室内霉气”。

但一旦远离贵胄府邸之阴暗厅堂，避开市镇之污秽街巷，则田园旷野、森林幽境与溪涧河畔，依旧如今日一般洁净清新。莎翁笔下《皆大欢喜》中被放逐的公爵，钟情于阿登森林胜过宫廷生活，或许另有深意；而莎士比亚本人对户外自然的偏爱，也可能与他幼年居于亨利街住所时，屋前那令人难耐的恶臭粪堆之记忆密不可分。

他的诗句中处处弥漫着斯特拉福周边花卉的馥郁芬芳；那些对花草之形色、习性、花期等细节精准而生动的描绘，更足见他对这些花木之熟悉与热爱，以及他对自然观察之细腻入微。

J·R·怀斯先生于其著作《莎士比亚与其故乡邻里》中云："任你翻开莎士比亚的任何一部剧作，皆能捕捉到斯特拉福周边风景之倩影。他笔下少女们常常歌咏着'蓝脉纹的紫罗兰'、'斑斓的雏菊'、'寄托心思的三色堇'，以及'一片银白的仕女衫'——直至今日，这些花儿依然点缀着埃文河畔的草甸。我认为这绝非溢美之辞：天下草甸之美，无处可与斯特拉福河畔媲美。初春时节，我曾见河岸草原披上金色晨光；待到牧草将熟未熟之时，大片草原又点缀着绚烂的兰花、蓝白相间的远志花、金色摇曳的响铃草和高挑的月白雏菊。而林木之美，亦莫过于斯特拉福四野的幽林：初萌嫩叶滤过柔柔碧光；林间地面铺满金矿般耀眼的报春花，坡岸之间更是紫罗兰纵横交错，芳香馥郁。这一切花草林木之美所带来的温柔与眷恋，尽可于莎士比亚的诗篇中悉数寻得。吾辈若谓莎翁以妙笔描绘这一切，正是因其心中自始至终，都将此间风景与他生命中最初亦是最终所珍爱珍惜的一切密切相连，如此之言绝非过誉。"

斯特拉福的早期历史

斯特拉福之镇，其历史久远。此镇之名，表明其最初坐落于自伦敦通往伯明翰之罗马古道上的一处浅滩（ford）附近。然而，此地在罗马人占领不列颠时期是否已有居民定居，史籍未有明载。迄今发现的最早文献，可追溯至公元691年颁布的一份宪章，其中记载：伍斯特主教埃格温（Egwin）自麦西亚王埃塞尔雷德

(Ethelred) 手中，获得了位于斯特拉福之修道院及其所属约三千英亩之地，以交换该主教此前建于弗拉德伯里 (Fladbury) 的一座宗教院舍。斯特拉福之建镇根基，或许即源于这一早期的修道院定居点。当地传统亦流传，该修道院最初坐落于今日教堂之所在处；而正如英格兰各地惯例所示，小镇之最初几户人家，极可能便是为此修道院效劳的仆役与附庸，其住所亦自然毗邻河岸，即今日数世纪以来世人所称之“旧镇” (Old Town) 所在之地。

此地在接下来的数百年间，一直作为伍斯特主教之领地，直至 1066 年诺曼征服之后仍未改变。据 1085 年《末日审判书》(Domesday Book) 之记载，彼时此地疆域约有十四个半“海德” (hide)，即约莫二千英亩之广，较之公元 691 年时略有缩减，因附近村落已逐渐独立为若干庄园而出离此地。时之居民，计有一名司祭，此人想必于古修道院内的小圣堂主持礼拜仪式（公元 872 年后，此堂史籍再无记载）；此外，尚有二十一名农奴 (villeins) 及七名村舍农民 (bordarii) 散居于此。若加之这些居民之家眷，时镇之人口或约一百五十人左右。“此处之每户居民，无论农奴抑或村舍农民，皆自备耕犁。全镇耕犁之数共计三十一架，其中三架归主教所有。” 镇中田地作物以小麦、大麦与燕麦为主。河畔立有一座水磨坊，其位置即今日旧磨坊之所在。村民之谷物，悉皆须送往此地研磨，且须支付一定费用。公元 1085 年时，此磨坊每年收入共计十先令；但主教亦常接受鳗鱼作为费用之替代，每年村民遂向伍斯特主教府输送活鳗千条，作为代缴磨谷之酬。

十二世纪间，斯特拉福小镇之发展殊为缓慢。相较之下，埃文河对岸如今仅为小村之阿尔维斯顿（Alveston），彼时却似有赶超斯特拉福之繁荣景象。阿尔维斯顿之庄园疆界渐次扩展，直至斯特拉福桥（当时桥身仅为粗木构建）南端之今日界限，并于此处兴起一小聚落，直至伊丽莎白女王时代之后，尚称之为“桥镇”（Bridgetown）。

我们今日得以一窥斯特拉福及其邻近村落十二、十三世纪居民生活之原貌，多赖当时教会文献之记载，文中详述居民因土地租赁而需履行之劳役与各项支付。彼时城镇外围大片土地，多被以“骑士封地”（knight's fees）之名义出租，承租者须履行一定军事义务以为报偿。镇内若干农奴（villeins）已晋身为“自由佃户”（free tenants），即已摆脱农奴之身份，可在支付一定数额货币租金之后，自由耕种土地，且甚少或无额外劳役。但大多数镇民仍为农奴或村舍佃农（cottagers），须依时定额履行繁重之劳务：

“凡占地六十英亩之农奴，须派出二人替领主收割田地；而拥有三十英亩之村舍佃农，则须派遣一人。每年特定一日，更要求农奴与村舍佃农，偕其家眷（惟妻子与牧羊人除外）全数上阵，额外进行一次集体收割。此外，自由佃户亦需于此日派遣一名割麦工，并亲自指挥收割之事……每名农奴须提供两辆马车，用于将收割之谷物运往谷仓；而每名拥有马匹之村舍佃农亦须备妥一辆马车，且可因此获得一餐丰富的早膳，包含面包与乳酪。每名农奴须履行一天锄草及三天犁地之劳役；若领主额外加派劳务，劳作者可免费获领膳食……”

此外，凡农奴或村舍佃农欲令其子接受教会教育，须事先获得庄园领主之许可。农奴或佃农之家中女儿出嫁时，亦须向领主支付一定费用。若农奴去世，领主管家将有权代表领主取走其家中最好之一辆马车，其继承人更须支付一笔数额不菲之罚金——当然，文献亦智慧地补充道："若其确能支付得起"。镇民之中，若有人酿造啤酒以作售卖，亦须为此向领主交纳费用。

1197 年，斯特拉福镇民自英王理查一世处获准，取得了每周四举办一次集市的特权；为此，镇民每年须向伍斯特主教缴纳十六先令之费。此集市初创时，想必便在今日尚存之"牲畜集市"（Rother Market）所处空地举行；如今，此地之中心矗立着费城乔治·W·柴尔兹（George W. Childs）先生所赠的纪念喷泉。"Rother"此词，实为古老的盎格鲁-撒克逊语，意指"牲畜"，当年牲畜必为斯特拉福集市之主要贸易货品之一。此古语莎士比亚亦甚熟悉，《雅典的泰门》（Timon of Athens, iv. 3.12）一剧中便有如下语句：

"正是肥美的牧场润泽了牲畜腰腹，

而贫瘠则令它们骨瘦如柴。"

十三世纪中，斯特拉福又陆续获得若干年度集会（fair）之权，这些集会实为中古时代贸易之首要推动力。此中最早一场集会由伍斯特主教于 1216 年赐准，每年圣三一节（Holy Trinity）前夕开市，持续两日。1224 年，另一集会定于圣奥古斯丁日（5 月 26 日）前夕开幕，并延续至次日；1242 年，又于圣十字架升天节（9 月 14 日）前夕举办，持续三日；1271 年再获批准，每

斯特拉福教堂

年于吾主耶稣升天节（即人称“圣周四”）前夕开市，延至次日。至十四世纪初（1313 年），再添一场集会，始于圣彼得与圣保罗纪念日（6 月 29 日）前夕，一连持续十五天之久。

首届集会之期选于圣三一主日（Trinity Sunday），实缘本镇教区教堂奉献予圣三一，而每逢该主日，教区中必举行隆重的献堂纪念庆典（wake），周围乡邻村落之人多纷纷前来。中古时代，将原属圣日之特殊节庆转而用于市贸交易，实非稀罕之事。甚至多数中世纪城镇，每逢集会之际，商贩皆于教堂墓地之上陈列货品；而议价交易更直入教堂殿宇之中。教会权威虽多次试图禁止此等习俗，但其风犹盛，直至宗教改革时代方告停歇。

至十三世纪末，斯特拉福之繁荣已成定局，而邻村奥尔维斯顿（Alveston）则不再构成威胁之竞争对手。此时斯特拉福镇日益为伍斯特主教带来丰厚收入，主教们亦愈发关心本镇发展。另据记载，主教吉福德（Gifford）于此处似曾设有私家猎苑；1280 年 5 月 3 日，他曾命令斯特拉福及周边镇区之教长（deans），严厉施以教会惩戒，开除所有“毁其猎苑围墙、窃其鹿群之人”的教籍。

十四世纪中，斯特拉福镇民境况大有改观。至爱德华三世治下（1327－1377），农奴制（Villeinage）逐渐消失，往日附属于土地之居民纷纷成为自由租户，仅须缴纳确定的田舍租金即可。镇上有三位贤士，依当时习俗，取本乡地名为姓氏，后皆荣登教会高位：其一为坎特伯雷大主教（Archbishop of Canterbury），余二人分别出任伦敦及奇切斯特（Chichester）主教。约翰·斯特拉福与罗伯特·斯特拉福乃一母同胞之兄弟，拉尔夫·斯特拉福则为二人之侄。约翰与罗伯特曾先后担任英格兰大法官（Chancellor），两兄弟接踵而至此高位者，历史上仅此一例。

斯特拉福教堂（西侧）

此三人皆深情眷恋故里，竭力振兴乡邑，泽惠后世。罗伯特任职斯特拉福牧师期间，促成镇中数条主要街道的铺设。约翰则扩建了镇中教区教堂，修葺其部分建筑，并设立唱经堂（chantry），聘请五位祭司专司弥撒，祈祷超荐其本人及亲友的亡灵。随后，他从伍斯特主教手中购得斯特拉福教区的授职权（patronage），并转赠予唱经堂祭司，从此后者完全掌控教区教堂事务。至于拉尔夫，则于 1351 年为唱经堂祭司们兴建了一座“方石砌筑的居所，邻接教堂墓地”。此屋后来称作学院（the College），祭司们一直居住于此，直至 1546 年亨利八世取缔修道机构，唱经堂随之遭到解散。此后，这座建筑多次易主，曾作为私人住宅，终于 1799 年被彻底拆除。

斯特拉福其他居民亦效法约翰与拉尔夫，为教堂兴办善举。爱德华四世时代，学院院长托马斯·伯索尔博士（Dr. Thomas Bursall）“自费自基，新筑一座华美绝伦的唱诗席（choir）”，迄今依然是这座古老教堂中最秀丽的部分，莎士比亚亦葬身于此。

自莎士比亚时代以来，这座教堂仅经历一次显著变动，即 1764 年建造了如今可见的尖顶，以取代此前一座铅皮覆盖、高约四十英尺的木质尖顶。教堂中现存建筑之中，以钟塔为最古，估计建于 1200 年以前。塔身高八十英尺，加上新筑尖顶，更添八十三英尺之高。

斯特拉福早期最后一位重要施主乃休·克洛普顿爵士（Sir Hugh Clopton），他于 1480 年前后自邻村克洛普顿移居至此。数年之后，他在镇中兴建了一栋“美观典雅的砖木府邸，并在此安享晚年”。这座宅邸后来即称为“新居”（New Place）。1597 年，新居成为威廉·莎士比亚之产业；1611 或 1612 年莎翁回返故里之后，这里便成了他的住所。

休爵士另为本镇于“东郊埃文河（Avon）之上”架设“大桥”，采用优质砂岩，桥设十四座拱洞，并附建一条“长长的石砌堤道，两侧筑有坚固护墙”。约 1530 年，古物学家利兰德（Leland）曾记录道：“此前此处仅有一座木制简陋桥梁，亦无安全通行之堤道，每逢河水暴涨，贫民百姓非不愿来，实难以通行；即便冒险渡河，也随时有性命之忧。”此桥历经多次修缮，至今仍然屹立于斯特拉福，见证着休爵士造福乡里的情怀与义举。

斯特拉福行会

十三世纪后期，一座组织在斯特拉福逐渐崛起，其影响力日盛，终于取代了伍斯特主教在此镇的行政权威。这座组织便是当时名为“圣十字架、圣母玛利亚与施洗约翰行会”（the Guild of the Holy Cross, the Blessed Virgin, and St. John the Baptist）的机构。此行会名称为三重奉献，有人据此推测其或由三个独立行会合并而成，然而历史上并未找到任何确凿证据可佐证这一点。

与同时代其他类似的行会一般，这座组织最初亦具有宗教色彩，宣称其成立乃是“出于对上帝之爱与吾人灵魂之所需”；与此同时，救济贫困民众与帮助行会内贫穷成员，也是该行会肩负的重要职责。

至于所谓的“行业行会”（craft-guilds），则多由相同行业或职业的人士组成，属于另一类性质的社会组织；虽然许多行业行会乃由宗教行会分化而出，但它们往往能够长期存在下去，甚至如伦敦诸多行业行会那般，在母体宗教行会消逝之后，仍然蓬勃兴旺，经久不衰。

斯特拉福行会礼拜堂与文法学校

斯特拉福行会接纳男女会员，缴纳微薄的年费即可入会。入会后，“首要之益，乃确保其在生命中与身后皆能享有特定的宗教仪式——而此事在彼时人们心中，比生命本身更为珍贵。会员生时，尤在其亡故之后，教区教堂中圣母与主保圣人祭坛之前，长明的蜡烛总会为其点燃；中世纪贫民若不倚赖行会相助，实难确保这条救赎之路始终畅通。凡欲朝圣坎特伯雷者，行会亦时常解囊相助；而未婚女子会员，亦偶可从会中领取嫁妆。另有规章强制所有会员须参加亡故会员的葬礼，此举更使诸会员彼此间情谊深厚，形如手足。”

每年举办的行会盛典更进一步促进了其成员间的社交精神。届时，会员皆须身着统一盛装，擎旗而行，列队浩荡前往教堂礼拜；典礼毕，众人再聚首共飨丰盛宴席，极尽亲善欢洽之意。

尽管源自宗教，斯特拉福行会却是一所纯粹的世俗结社。在众多城镇中，神职人员或被禁止入会；即便准许加入，亦不得享有高于俗人之地位或影响力。行会雇佣神职人员执行仪式，并按仪规支付报酬；但行会治理之权，却操于自行推选的世俗长官手中——如会长、长老、司仪及书记员等；其财产与权利，则由代表组成的议事会一体管理维护。

至于斯特拉福行会究竟创立于何时，今已无从稽考。正如其主要官员于 1389 年所书：“行会之创，已远逾人类记忆所能追溯之时。”城中所存档案表明，此行会早在 13 世纪初业已存在，并频频接受市民馈赠财物。伍斯特主教们亦乐见并鼓励此类馈赠，更曾操持安排，令部分馈赠所得用于行会本身职责之外的宗教用途。至爱德华一世时代前后，行会拥有之房舍田产已极为丰厚；至 1353 年，其档案更明确记载，斯特拉福几乎每一街巷中，皆有行会所置之宅第。

1296年，约翰与罗伯特兄弟之父、年长的罗伯特·斯特拉福（见前文第31页）为行会专门兴建了一座小教堂，并另设救济穷人的施舍院。这些建筑当时即坐落于今日行会礼拜堂、市政厅及其他会所建筑所在的位置。

1332年，英王爱德华三世颁布特许状，确认斯特拉福行会对其所有财产拥有完全处置权，并赋予其高度自治之权力。1389年，理查二世派遣专员巡视英格兰各地行会并审查其章程，其中关于斯特拉福行会的报告迄今犹存。报告充分显示，这一社团在扶贫济弱、促进成员间手足情谊方面成效卓著。彼时行会的规章制度规定，由两名会长（或称长老）与其他六人共同治理，这体现出城镇迈向自治的明显进步。这一涵盖了本镇几乎所有富裕人家的组织，自然逐渐获得了广泛的民事管辖权。会员之间产生纠纷，悉数交由行会议事会裁决；长老们亦逐渐成为城镇治安秩序的实际管理者。学院教堂的祭司们对行会日益增长的影响力甚为不满，当行会拒绝支付什一税时，他们甚至诉诸法庭，以迫使行会履行这一古老的义务。然而除此之外，行会在其他事务上基本保持独立，不受外界干预。

至15世纪，行会入会条件中还出现了一项奇特之规定：活人缴纳例定费用后，其已故亲友的灵魂也能获得会员资格，从而享有各种灵性福利。世纪初时，斯特拉福居民约翰·惠廷顿（John Whittington）就曾支付十先令，使自己六个夭折子女的灵魂享受了此种优待。

行会鼎盛时期声名远播，远非斯特拉福本镇所能限量，更吸引了众多名流显贵争相加入。爱德华四世之弟克拉伦斯公爵乔治与其夫人皆列为该会会员；他们的子女华威勋爵爱德华与玛格丽特亦然。此外，杰出的法官托马斯·利特尔顿爵士（Sir Thomas Lyttleton）亦蒙此荣誉。华威郡几乎所有城镇村落皆有人士加入，而来自布里斯托尔与彼得伯勒等遥远城市的商人也慕名前来。

然而，对我们来说，行会历史中最值得铭记的无疑是其创办的文法学校（Grammar School）。通常认为该校始建于 1453 年，但现在已经证实它更早便已存在。学校免费招收会员子弟，校长每年薪金十英镑，由行会支付，校长不得再向学生收取任何费用。威廉·莎士比亚便曾就读于此；后文叙述到他少年求学时，我们将对该校有更详细的了解。

除圣坛区域外，行会礼拜堂约在 1450 年前后经过一次翻修。15 世纪末期，该礼拜堂由知名会员休·克洛普顿爵士（Sir Hugh Clopton，见前文第 34 页）出资重建，但工程尚未完工，他便于 1496 年 9 月辞世；重建礼拜堂余下工程的费用，则已由其遗嘱妥善安排。

斯特拉福自治市

1547 年，亨利八世颁令解散了斯特拉福行会，行会所拥有的土地财产全部收归王室，直至 1553 年方才另作安排。在此七年间，斯特拉福镇几乎处于无政府状态。与此同时，该镇有威望的居民，也就是昔日行会的高层官员，纷纷向爱德华六世请愿，盼望国王能恢复行会组织，并使之重组为正式的市镇自治机构。1553年6月7日，国王欣然应允了他们的请求，以一份特许状将城镇管理权交还给当地居民。行会先前所持有的地产、收入与动产，悉数转交给了新的自治市团，这个新的团体继承了古老行会的组织形式，仅对个别官职稍作改动：原行会长老改称行政长官(bailiff)，代理人改称财务官(chamberlains)，而议员(aldermen)、书记（clerk）和司仪（beadle）则维持旧称。市镇议会每月定期于行会大厅举行会议，议员包括行政长官、十名市政议员和十位主要市民代表，掌握了全镇事务的全面管辖权。

古老行会的兄弟情谊亦得以延续。议会规定："无论在会议厅还是其他任何地方，议员和主要市民代表之间不得互相辱骂，必须情如手足，和睦相处。凡进入议事厅者，在未怀兄弟之谊、和睦相待之前不得离开。违反规定者，每次罚款6先令8便士。"凡议员或其妻子去世时，所有成员皆须"衣冠端正"地出席丧礼，"护送灵柩至教堂，并在教堂内虔敬守候，直至安葬完毕方可离去"。

行会原属的文法学校、礼拜堂和济贫院亦转化为公共机构。行政长官作为司法官，每月主持一次小额债务审理庭，每半年则召开一次规模更大的治安大会（court-leets），所有居民均须参加，修订与执行地方治安条例。莎士比亚在《驯悍记》（序幕第二场，第89行）中便提及这种大会，仆人对基特·斯莱说：

"可你偏说你被赶出了门外，

骂着这家的女主人，

还嚷嚷着要把她告上治安会，

因为她用的是陶制酒壶，不是官方印封的夸脱杯。”

而在《奥赛罗》（第三幕第三场，第 140 行）中，伊阿古也提到“治安会与法定会期”。市镇议会统一制定面包和啤酒的价格，并每年委派啤酒检查员（ale-tasters），监督酒和面包的品质、价格及相关法令的实施。莎士比亚的父亲约翰·莎士比亚即于 1557 年担任啤酒检查员，同一时期他还被接纳为自治市的正式市民（burgess）。1561 年，他当选为两名财务官之一；1565 年晋升为议员；至 1568 年，他更当选为行政长官，成为斯特拉福镇上地位最崇高的官员。

市镇议会的统治风格带有浓厚的家长式色彩。“倘若有人品行不端，便会被传召到行会大厅，面对严格审查，以查明传到行政长官耳中的流言真伪。若经查证属实，当事人又拒绝作出充分的赔偿或悔改，便会被‘劝导’离开本镇。至于那些脾气暴躁、喜欢吵闹的妇女，议会则采取了颇为粗暴的方式加以‘管教’：议会专门备置了一把结实的‘浸鸭凳’（ducking-stool），配有坚固的铁制钉扣、锁具和铰链，保养得完好如新。一旦某位悍妇被认定确需管教，便会被牢牢固定于此凳之上，依靠绳索、木板和轮轴的装置，将她往埃文河中浸泡两三次，以达到镇压刁蛮性情的效果。”

“凡是胆敢对镇上官员出言不逊，或是违反了市政的小型法令的居民，都免不了要在露天的木枷（stocks）中被困整整三天三夜。未经行政长官批准，任何居民不得私自接待外来陌生人。

晚上九点钟过后，所有的帮工、学徒及仆役皆不得擅自离开自己或主人的居所。议会提供了专门的滚球场与射箭靶场，但仅在规定的时间内开放使用。有一次，一名议员因为在议会的晨会结束后私自前往滚球场打球而遭到罚款；而亨利·西德纳尔则因擅自在自家后院开设未经许可的滚球游戏，遭受了20便士的罚金惩处。”

“镇上的啤酒馆主在莎士比亚时代多达三十人，但都被严格地置于市镇议会的监督之下。他们被禁止私自酿造啤酒，也不得纵容顾客狂饮，或在非指定的营业时间接待手工业的工匠，否则便会面临罚款乃至监禁之苦。镇上的狗只一律不得在街道上不戴口套自由游荡。每位居民至少每月须去教堂礼拜一次，违者将面临高达20英镑的罚款。伊丽莎白统治晚期，更有专门从伦敦派来的官员，巡视地方政府是否严格执行此项法令。17世纪初，镇上对居民的言行约束越发严厉，严禁任何人在公共场合讲粗话、咒骂。”

“服饰穿着亦受到严格规限。1577年，许多人便因为周日没有按法令规定佩戴简朴的羊毛帽而被处以罚款。莎士比亚在《爱的徒劳》（第五幕第二场第281行）中借罗莎琳之口便曾提及此项规定。当时，这一服饰要求针对的是所有年满六岁以上的居民。到了1604年，更是在一次大型的治安大会（leet）上，‘绝大多数’的居民都因违反服饰条例而受到处罚。”

诸如此类的规定数不胜数，无一不体现出新成立的斯特拉福市镇议会在贯彻自身法令及王国律法上所表现出的严格性与

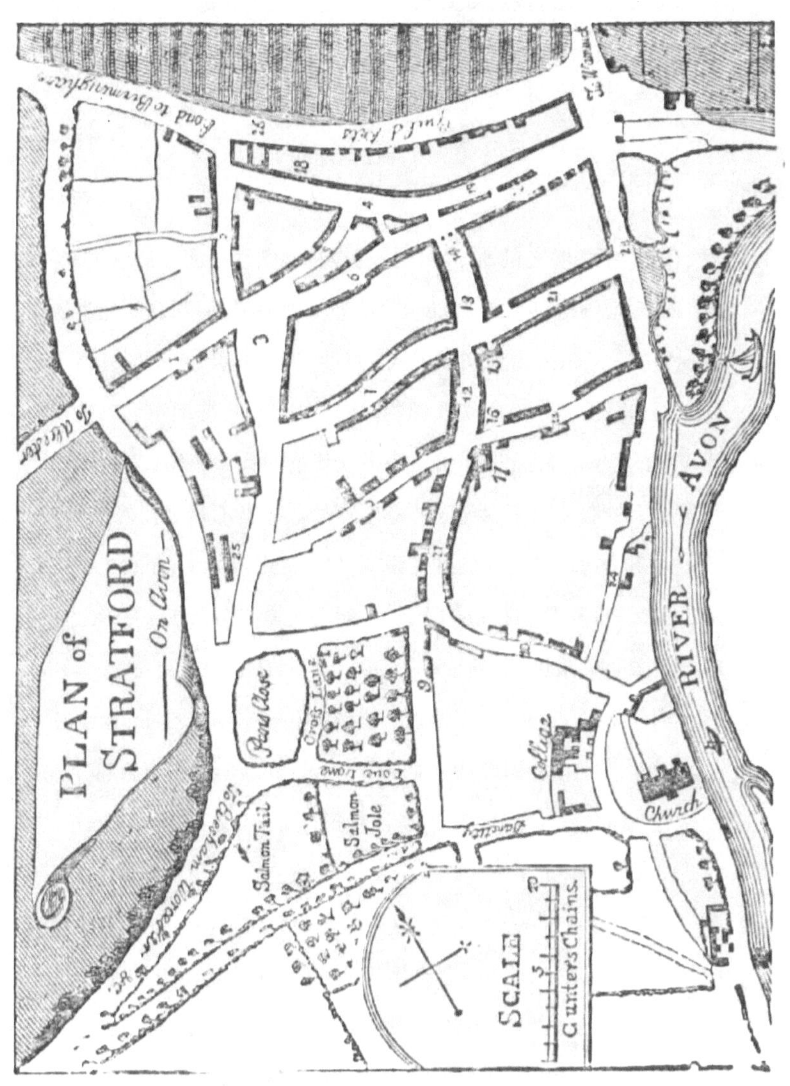
PLAN of STRATFORD
On Avon
RIVER AVON
SCALE
Gunters Chains
College
Church
Pond Close
Cross Lane
Salmon Tail
Guild Pits

斯特拉福镇地图

持久性，而这些规章又深刻地渗透和约束着每位居民日常生活的方方面面。

斯特拉福地貌

18 世纪中叶之前所绘制的斯特拉福地图现已无存。这里复制的一幅地图绘制于约 1768 年，正如哈利韦尔-菲利普斯先生告诉我们的："根据当地文献记载，从伊丽莎白时代至当时，镇子的布局和范围并未发生实质性的改变。因此，这幅地图可以被视为可靠的指南，以此来了解诗人莎士比亚时代该镇的真实样貌。彼时镇上的居所（不含简陋的棚屋）总数应当不超过五百栋。"

以下为该地图附注的地点说明："1. 荒野镇尽头 (Moor Town's End)；2. 亨利巷（Henley Lane）；3. 罗瑟集市（Rother Market)；4. 亨利街（Henley Street）；5. 梅尔池巷（Meer Pool Lane）；6. 林木街 (Wood Street)；7. 伊利街或猪街 (Ely Street or Swine Street)；8. 学士巷，别称补锅匠巷（Scholar's Lane alias Tinker's Lane）；9. 公牛巷（Bull Lane）；10. 旧城区街道（Street call'd Old Town）；11. 教堂街（Church Street）；12. 小礼拜堂街（Chapel Street）；13. 高街（High Street）；14. 集市十字（Market Cross）；15. 市政厅（Town Hall）；16. 莎士比亚逝世处（Place where died Shakespeare）；17. 礼拜堂、公学及其他建筑（Chapel, Public Schools, &c.)；18. 莎士比亚出生屋 (House where was Shakespeare born)；19. 后桥街 (Back Bridge Street)；20. 前桥街 (Fore Bridge

Street)；21. 羊街 (Sheep Street)；22. 小礼拜堂巷 (Chapel Lane)；23. 河滨房屋（Buildings call'd Water Side）；24. 索瑟姆巷（Southam's Lane）；25. 非国教徒集会所（Dissenting Meeting）；26. 白狮旅店（White Lion）。”

荒野镇尽头（1）即今天的格林希尔街（Greenhill Street）。市政厅（15）在莎士比亚时代并不存在，它首次建于 1633 年，1767 年拆除，并于次年重建。“莎士比亚逝世处”（16）即“新居”（New Place），是他晚年归隐之所。“非国教徒集会所”（25）建造时间远晚于莎士比亚时代。“白狮旅店”（26）也属于莎士比亚之后的建筑，16 世纪镇上最重要的旅店是位于桥街（Bridge Street）上的“天鹅”、“熊”和“皇冠”。地图左下角靠近河岸处标示的是磨坊及磨坊桥 (Mill and Mill Bridge, 建于 1590 年)；地图右下角之外是约 1500 年由休·克洛普顿爵士所建的石桥。

自地图绘制以来，街道布局唯一重大变化便是拆除了位于前桥街（20）和后桥街（19）之间，被称为“中排”（Middle Row）的一排小店铺与货摊，由此形成了如今开阔的桥街大道。

集市十字（14）是一座由低矮瓦顶棚遮盖的石制纪念碑，四周设有长凳，供人们坐着聆听布道，这一点与伦敦的圣保罗十字（St. Paul's Cross）颇为相似。后来，此处又加盖了一间房屋，并于其上安装了一座时钟。围绕十字架的开阔空间是镇上主要的集市场所。附近还有一个公共水泵，经常可见主妇们在此洗衣，并将洗好的衣物挂在十字架上晾晒，有时屠夫也会在此处悬挂肉品，但这些行为于 1608 年被镇议会正式禁止。此外，颈手枷（pillory）

和鞭刑柱（whipping-post）也位于同一地区。

罗瑟集市（3）上另有一座石十字架；靠近行会礼拜堂（17）则还有第二个公共水泵，这个水泵于 1595 年经市镇议会的命令被移除。在河边靠近小礼拜堂巷（22）尽头的区域，被称为“班克罗夫特”（Bancroft，意为“岸边草地”），镇上畜牧农民每天可于此放牧牲畜一小时。镇议会明文规定：“所有马匹、猪、鹅、鸭及其他牲畜”，凡违反限时规定私自在此放牧者，一律由镇吏关押到附近的牲畜围栏（pinfold）中。如今，这片依旧名为班克罗夫特的区域，已成为河畔风景宜人的小公园，毗邻莎士比亚纪念馆的园区。

小礼拜堂巷（Chapel Lane）沿着新居（New Place）宅邸的一侧延伸，是当时斯特拉福最为肮脏不堪的街道之一，而该镇当时的整体卫生状况（参见上文第 25 页）本就已相当恶劣。有一条小溪流经此处，其水流带动着一座磨坊，镇里的当代记录中也有所提及。这条水道渐渐蜕变成“一条浅陋且恶臭的沟渠，成为暴露的污秽垃圾场”，至少在随后两个世纪内始终困扰着当地居民。

一封写于 1807 年、涉及一桩法律诉讼的信函，生动地回忆了当年的情景。信中作者这样写道：“你提到的那条沟渠，我仍记忆犹新。45 年前，即 1760 年 10 月我姐姐结婚后，我便频繁到访斯特拉福，因此对这条沟渠及附近道路非常熟悉。这条沟渠自小礼拜堂延伸至史密斯（Smith）家的房子。我清晰记得，在那堵墙与沟渠之间有两三英尺的空隙，逐渐向沟渠倾斜。我认为，新建墙体的任何部分并未建在沟渠之上。这条沟渠是任何人随意倾倒各种污物的场所，时常散发着令人难以忍受的恶臭。亨特先生（Mr. Hunt）经常抱怨这条沟渠，决心要将其盖住，甚至不惜自己出钱处理此事，但我不确定他是否最终付诸行动。从沟渠横跨至莎士比亚花园的那段道路一直坑坑洼洼，泥泞不堪，如今则已覆盖填平。通常情况下，这条巷道上仅容一辆马车通行，尤其冬季更为难走。我不认为这条沟渠足以深到令马车翻倒，并且道路靠近沟渠的部分很少有人使用，除非为了避让其他车辆，因为路边总是留有足够空间。”

托马斯·考克斯（Thomas Cox），一位自 1774 年起居住在小礼拜堂巷的木匠，也回忆道，那条从小礼拜堂到史密斯小屋的露天排水沟，“宽敞而肮脏，满是淤泥。镇上这一区域所有污物皆流入其中。沟渠宽约四五英尺，深度超过一英尺，道路则向沟渠倾斜。”据其他目击者称，这条沟渠一直延伸至巷子尽头，在那里，道路与班克罗夫特（Bancroft）之间还有一条狭窄的小溪或沟渠。毫无疑问，小礼拜堂巷中溢出的污物便经此汇入了埃文河。

哈利韦尔-菲利普斯（Halliwell-Phillipps）先生推测，莎士比亚致命的热病可能正是由“他住所周边极其恶劣的卫生状况”所引发——这样的解释，在当时是医师们未曾想到的。

第 II 部分

家庭生活

莎士比亚故居（修复后）

居舍住宅

位于亨利街（Henley Street）的这栋房屋，据信是威廉·莎士比亚诞生及度过早年岁月之地。尽管历经了许多次改建与修缮，但近年来经过细致入微的复原，如今以国家纪念地的形式妥善保存下来，其整体外貌与十六世纪晚期的原貌相比，应当并无实质差异。

在斯特拉福镇内及附近地区，尚存几栋属于同时期、同类型的住宅。据顶级文物研究权威的鉴定，这些住宅的外观与结构基本未发生变化。哈利韦尔-菲利普斯（Halliwell-Phillipps）先生特别提到，位于罗瑟市集（Rother Market）附近的一栋房屋，“其主体特征确定无疑地保存着初建时的状态”。而他所绘制的内部结构草图，也与莎士比亚出生地房屋的内部情形颇为相似。

这些房屋通常建为两层结构，以木质横梁搭建出框架，梁与梁之间则使用板条与泥灰填充。房顶多为茅草所盖，开设有老虎窗与陡峭的三角形屋脊。房门前往往建有门廊，或称作“披檐”（pentice 或 penthouse），即一个狭窄倾斜的小屋檐，常常沿着一层的前方延展而去，将门窗一并遮蔽——亨利街莎士比亚故居即为此种设计。

《威尼斯商人》（第二幕第六场第 1 行）中，格拉提亚诺说道：

“此即洛伦佐约定我们等候的披檐之下。”

《无事生非》（第三幕第三场第 110 行）中，波拉丘对康拉德说：

“你且紧贴着站在这檐下，雨还在纷纷细落。”

而在《爱的徒劳》（第三幕第一场第 17 行）中，我们还能找到对于披檐的比喻式暗示：

“你的帽檐像披檐一般低悬，遮蔽着你眼睛的窗户。”

又如《麦克白》（第一幕第三场第 20 行）中写道：

睡眠今后再也不会

悬挂在他披檐般的眼睑之上。

莎士比亚出生房间

在此，诗人巧妙地将眉骨突出如房屋披檐的特点融入了剧中比喻。

镇中较为考究的宅邸，如“新居”（New Place），多由木材与砖石构筑，而非泥灰涂抹，有时甚至整座宅邸皆为石砌。莎士比亚似乎曾以石料重建了“新居”的大部分结构。这类房舍屋顶多铺瓦片，但亦偶有茅草盖顶者。文献记载，1582 年时，曾有一名叫沃尔特·罗奇（Walter Roche）的人，将他位于教堂街的宅邸原有瓦片屋顶改为茅草铺设。而某些房屋的木质前檐——例如今日仍矗立于高街的一座宅邸——则雕刻繁丽，以花卉与各类精巧图案装饰其上，极为华美。

宅邸园圃的围墙通常以黏土或泥砖垒砌，其上覆以茅草。园中果树甚多，市政厅旁的果园尤以李子与苹果闻名。当桑树初传入英格兰时，莎士比亚曾特意购得一株，亲手植于“新居”园中，其后茂盛繁荣，枝叶荫翳，树龄长达一个半世纪之久。惜乎至 1758 年，园圃新主人弗朗西斯·加斯特雷尔牧师将此名树伐去，而他刚于 1756 年购得这处房产。

这些古旧的英式房舍，外观虽典雅如画，却并不具备今人所谓舒适之感。巨大的乌黑木梁将墙面切割为棋盘般的方格与三角，窗户狭小且多格相嵌，天花板低矮逼仄，室内木工粗糙简朴，陈设更是贫乏简陋，难以令人感到舒适惬意。

在当时，烟囱在英国尚属新兴之物，尽管约翰·莎士比亚家中已有烟囱，他的大多数邻居却仍未享用此类设施。1582 年，当莎士比亚十八岁之际，镇议会曾下达命令：“罗瑟市场居民沃尔特·希尔与镇内所有住户，必须于圣詹姆斯日前，即 4 月 30 日之前，筑起足够的烟囱，否则罚款十先令。”

这一措施主要是为防火而设，因往年频发火灾，大多缘于缺少烟囱所致。

1577 年，威廉·哈里森提到英格兰的变化时，曾这样感慨："自老人记忆以来，世事已大为改观。其中尤为突出者，便是近日烟囱林立；而在他们年轻之时，全国大多数乡镇不过有两三座烟囱而已（宗教建筑与领主宅邸除外）。那时，每家皆在厅堂内壁炉前生火，取暖烹饪，全无烟囱之便。”

哈里森在另一章中还说道："如今我们家家皆备烟囱，而娇生惯养者却时常抱怨伤风感冒之苦。往昔只有厅堂内的敞口壁炉，倒也无人头痛难忍。那时人们认为烟熏能使屋梁更加坚固，且亦能有效预防伤风感冒；当时伤风感冒之疾，鲜有人识得。”

若欲了解彼时房舍内景，所存当时的财产清单可资借鉴。例如莎士比亚的外祖父理查德·阿登（Richard Arden）为一富庶农人，其家庭用具的清单便流传至今；另一份来自邻居亨利·菲尔德（Henry Field）——他是位皮匠，亦为约翰·莎士比亚遗嘱的主要执行人。

室内陈设

自这些清单及类似史料可知，当时屋中厅堂（即主屋，常占据整个底层空间）及客室的家具极为简单，仅有寥寥两三张椅子，数只拼接木凳（joint-stool），一张粗制木桌，墙上或许再挂上一两幅“彩绘布幔”。

此类布幔乃廉价之物，用以代替贵族府邸中华美的挂毯，在贫寒之家也屡见不鲜。所绘内容多为《圣经》中的故事，手法粗拙，图旁常附格言警句，有时更以飘带状文字自画中人物口中吐出。

莎士比亚剧作中数次提及此物，例如在《皆大欢喜》（第三幕第二场）中，忧郁的杰奎斯对奥兰多调侃道：“你满口妙语连珠，莫非常与金匠之妻往来，熟记指环上的箴言？”（此指戒指上刻之格言，即所谓“箴言戒”）；奥兰多则回道：“非也，我答你者，不过彩绘布幔上所学俗语，与你所问，正是同源。”福斯塔夫（《亨利四世・上篇》第四幕第二场）亦曾嘲讽自己的新兵“衣衫褴褛，如彩绘布幔上拉撒路一般。”

一部 1601 年出版的匿名剧作《No Whipping nor Tripping》中，亦有如下记述：

“且观彩绘布幔所言：
勿行不义，善待贫苦，
谨防鼠患、蛆虫与飞蛾，
并须时刻提防门户。”

清单所记的“地毯”（carpet），实为铺于桌上之物，而非铺设于地面；当时即便王宫之内，也多以灯芯草铺地。《驯悍记》中格鲁米奥（第四幕第一场）所言“地毯已铺”，乃指餐桌铺设完毕，以待主人归来进餐。1590 年一份斯特拉福清单即记有“一张铺桌之地毯”。此类地毯亦用作窗边座椅之铺垫，但鲜少用以铺设地面，除非用于跪拜或其他特殊场合。

当时卧房陈设，同样粗陋而寥寥，不过较之先辈年轻之时，已稍有改善。哈里森如此回忆道：

“吾辈与先人往昔，皆曾屡屡以稻草薄垫铺卧，仅覆一薄被，上盖粗布毯子，头枕一段圆木，便视为常态。若某家家主或长辈，能得一张毛屑垫或软榻，头下再加一袋碎谷作枕，便觉自己如城镇领主一般安适富足，心满意足。”

但到了此时，羽绒床垫已逐渐流行，枕头、亚麻床单以及其他舒适之具亦已进入寻常百姓家。亨利·菲尔德的财产清单中，便记有“一床黄绿相间之被”。

厨具和餐具虽然仍旧朴拙，却也较老辈之时大有改观。哈里森提到：“往昔木盘木碗已被锡制餐盘替代，木勺亦换作银匙或锡匙。”

他又写道：“早年木制餐具之普遍，便是富农家中亦难得见上四件锡器，其中或许还有一件只是盐碟。”而如今，锡器已是寻常之物，有的人家甚至备有银碗、银盐碟，以及整整一打银匙。

日常餐桌上的桌布多为麻织，逢年过节或贵客临门时，才使用精美的亚麻布。餐巾亦由相同的织物制成，或称为手巾，用餐时以手抓食后用来拭手；盖因彼时英格兰尚未广泛使用餐叉，叉子仅作为稀奇之物而存在。

伊丽莎白一世是英格兰有史以来第一位被记载拥有餐叉的君主，但她本人是否真正使用过，则无从考证。直至 17 世纪中叶，餐叉才逐渐在上流社会中流行开来，而银质餐叉的普及则更晚，约于 1814 年方才出现。

1611 年，即莎士比亚去世前五年，托马斯・科里亚特（Thomas Coryat）在其所著《见闻札记》（Crudities）中，详细记载了意大利使用餐叉的情景（餐叉最初于 15 世纪在意大利发明）：

“意大利人乃至多数外国人进餐时，切割食物皆用一支小叉。他们一手持刀切取盘中之物，同时另一手握叉按住食物，以助切割；故若有人在与他人共餐时，不慎用手指直接触及盘中食物，便犯了极大的失礼之举，令人不悦，以为此人不懂餐桌礼仪。”

科里亚特还补充道，他自己“深感意大利之用叉习惯甚佳”，因而不仅旅居意大利时如此，在回到英格兰之后，仍坚持以叉进食。然而，回国之后，他却常被友人戏谑，认为他不过是矫揉造作，追随外族习气。

同时代的剧作家亦常带着嘲讽口吻，称这些人是“用叉进餐的装腔作势之旅人”；甚至有牧师在布道中严辞反对餐叉的使用，称此举“不以手指触碰食物，乃是对上帝旨意的亵渎！”

除餐桌所用手巾之外，当时的物品清单极少提及其他毛巾，即便偶尔提到，也明确标注为“洗脸手巾”。洗脸盆同样少见，通常只在理发师的工具清单中偶然出现。

约 1558 年出版的《健康指南》（Government of Health）一书中，布伦（Bullein）曾这样描述道：

“乡野中的平民极少洗手，其污秽可想而知；更甚者，他们亦极少梳理头发。”

安妮·哈撒韦农舍室内景

即便是地位较高者，在这些方面也并未特别讲究，整体上对个人清洁并不重视。沐浴在当时的文献中也极少出现，即使偶尔提及，往往亦仅作为治疗某些疾病之手段而已。

前文曾提及，伊丽莎白时代的居室通常铺设灯芯草以覆盖地板。红衣主教沃尔西在汉普顿宫坚持每日更换草席，当时被视为一种毫无必要的奢侈享受。然而，伊拉斯谟写给沃尔西医生弗朗西斯博士的信函中提到，实际上一般家庭的草席常年仅更换最上面一层，底层或许连续多年未被清理。信中竟言"二十年之久"，虽难以置信，却也足以说明草席的肮脏程度。这些未换的草层渐渐成为啤酒、油脂、食物残渣与其他污物的藏纳之地。

为掩盖室内由此积聚的恶臭，人们常常焚烧芳香之物以驱秽。《忧郁症之剖析》（1621 年）的作者伯顿记载道："我们牛津极爱燃烧杜松木，以熏香室内，使空气芬芳怡人。"

1572 年，苏格兰女王玛丽被囚禁在谢菲尔德城堡期间，什鲁斯伯里伯爵曾致信伯利勋爵，信中提及女王需暂时迁出五六日，以便"彻底清理其室，盖因房间极其污秽，不堪久居"。

1603 年，多塞特伯爵夫人安妮在回忆录中亦有载："我们一行前往提巴尔斯觐见国王，国王对我母亲与姨母礼遇有加。然而，我们也明显察觉到如今朝廷与昔日女王治下的差异：因在托马斯・厄斯金爵士的房间中坐了片刻，我们竟皆染上虱子。"

饮食习俗

当时英格兰普通百姓的食物在某些方面比今日更佳，亦胜过同时代的欧洲大陆诸国。哈里森记载道，古时牛奶、黄油与奶酪这些所谓的“白色食物”，乃上流社会专享；而他所处的时代，这些却沦为“唯贫民方才食用”之物，其他阶层大多食用肉类、鱼类与各种禽类。

不过，普通百姓难以享用麦面制作的面包，他们的主食多为黑麦或大麦制成，遇灾年歉收时，甚至会用豆子、燕麦，乃至橡子充饥。

茶与咖啡彼时尚未传入英格兰，葡萄酒却已十分普遍，价格亦十分低廉。令人颇感意外的是，当时本国葡萄酒年产竟达两三万桶之多。

在伦敦市场上，可供选购的外国葡萄酒多达数十种，其中烈性葡萄酒三十种，口感柔和者则有五十六种之多，价格介于每加仑八便士至一先令之间。不过普通百姓所饮之物，依旧是价格低廉、家中自酿的啤酒。

哈里森本人作为一名年薪四十镑的乡村牧师，便曾详细描述其贤妻如何花费二十先令便可自酿两百加仑啤酒，每加仑成本不到一又二分之一便士。在那个几乎无人饮水，除牛奶之外鲜有饮料可替代麦酒的时代，人们对啤酒的消费量自然极为惊人。

当时的人们一天仅用两餐。哈里森又写道：“往昔人们在饮食方面耗费的时间远较今日为多。早年间，我们上午用早餐，晚餐之后更有饮酒或小食，入睡前还有所谓的‘宵夜’。如今这些冗繁之饮食——谢天谢地——已逐渐废止，人们大抵已习惯每日

高街上的古老宅邸

只用正午一餐与晚上一餐，除却偶尔年轻人肠胃饥饿难耐，才会在晚餐前另行加餐而已。”

关于当时的用餐时间，哈里森曾如此记述：“在我国，贵族、乡绅与学子通常上午十一时便用正餐，下午五时，或五时至六时之间进晚餐。商贾阶层，尤其是伦敦的商人，则很少在正午十二点与晚间六点之前用膳。至于农人们，他们惯于在所谓‘日当中天’的正午进餐，晚餐则推迟到七八点钟。而大学的学子们，除学期之外，十点钟便已用餐完毕。至于最底层的贫苦百姓，他们的餐食完全取决于境遇，随时随地，不分定时，根本不必多言。”

平民百姓惯于清晨四五点即起床劳作，却直到十时甚至正午方才进餐，除非哈里森所不屑言及的那些“年轻而饥肠辘辘之辈”，一般人恐难以忍受如此漫长的饥饿时光。

儿童的教养之道

十六世纪时，中上阶层家庭对孩子的教养颇为严格。当时出版的诸多“教养书”，对像威廉·莎士比亚这样的男孩在家中、学校、教堂及其他公共场合的言行举止，皆有详细而具体的训示。这些教养手册多以浅显通俗的韵文写就，其中数本已由F·J·弗尼瓦尔博士为早期英语文本协会整理出版。

这些书中颇有代表性的一本，由弗朗西斯·西格尔所作，于1557年在伦敦出版，名为《德行学堂——儿童及青少年教养指南》；另一本则是休·罗兹编撰的《教养之书，或良好礼仪指南》，自1554年至1577年间，前后至少五次再版。

《德行学堂》开篇即写道（以下采用现代拼法）：

每日清晨张开眼，

先祈求上帝恩典；

默诵此祷言，日日莫忘，

用起你的心，虔诚颂扬。

接下来是一篇长达十八行的祈祷文，祷文之后又有指示，教导孩子诵读主祷文。随后便是对起床穿衣的规训：

儿童需早起，衣着整齐，洗净双手，梳理头发；下楼之后，应礼貌地向家人问候致意：

离开卧房走下楼，

父母家人须问候。

而走出家门之后，更须处处以礼待人：

见到长者帽脱下，

谦恭有礼人称佳。

用餐时，孩童首要之事，便是恭敬侍奉父母，且须先行诵读以下谢饭之辞：

齐心感谢主恩深，

赐我案上此餐珍；

无需忧虑所食物，

上帝养育天下人。

祂必不使我饥寒，

丰衣足食俱安然；

珍惜主所赐之物，

心满意足莫抱怨，

永颂主恩。

然后需躬身行礼，说：“愿您用餐愉快！”若年长些，更要亲自将饭菜端至餐桌。

斟盛食物时务必谨慎，不得过满溢出，以免沾污父母衣衫；需备好备用餐盘与餐巾，以待宾客之需；随时留意，确保人人面前“备有面包与饮品”，且及时清空盛放碎骨残渣之器皿。

肉食一道用毕之后，孩童须及时收拾桌面，将盐瓶盖好，将污损的餐盘、餐巾放入收残渣的篮中，再将碎屑扫入另一容器；然后重新摆上洁净餐盘，每位食客面前放置“奶酪与鲜果，以及饼干或葛缕子糖”（当时认为葛缕子糖有助消化，1595 年一位健康学作家曾说：“此物尤益学子”），再佐以酒（若有）或啤酒。

餐食结束，他须撤去桌布，小心将两侧向内折叠整齐；再于桌面铺展一条洁净的毛巾，取来盆与水壶以供宾客净手。随后再度清理餐桌，当客人起身时，孩童仍须谨记礼仪：

“餐前躬身行一礼。”

此时孩童方可享用自己的餐食，但对于自身的仪态举止，亦有细致明确的规训：面包不可用手掰断，须“用刀切割整齐”；汤匙盛汤不可过满，口中亦不得塞满食物——

“切勿如猪般唇舌作响，
也不可如犬般啃噬骨头；
此种粗鄙之举当深恶痛绝，
用餐之时，务须举止文明。”

他需以餐巾拭净指尖，饮酒之前亦须先擦净双唇，且切记进食之时须节制适度，正如谚语所云：“凡事有度，方为至宝。”

对于“与人言谈之举止”，规训之细致入微，更令人叹服：

若有人向你询问一事，

切莫急于张口回应；

务须悉心倾听，参透其意，

再三斟酌而后启唇答语；

否则旁人或以为你愚钝，

未明其意便轻率作答。

他人言辞未尽之时，

须耐心静候，切莫插嘴；

待其言毕，你方可开口，

如此作答，方不失礼仪。

须恭身致意，正视其眼，

言辞温和得体，音容严肃，

身体端正，两足并立，双手安然，

目不旁顾，仪态自若。

他人赞誉，莫自矜夸；

你言谈之时，莫笑莫嬉，

轻浮之举，务须摒弃；

声音须不高不低，适中有度，

发音务须清晰，语句不可空泛；

言辞之间，条理分明，

方能令事半功倍；

倘若说话毫无章法，

终将离题失措；

匆忙急切，必生差错，

致使口吃，言语蹒跚；

口吃蹒跚，实为失仪之举，

趁早留意，莫染此习；

孩童口吃，观之尤丑，

明智如你，自可裁度；

此弊若为习惯所染，

少年之时，尚可矫治。

此一规训，尤须铭记：

与人言谈，务须脱帽致意；

常思此谚：“宁可食无饱，

亦不可不教而无知。

虽上述诗句或难称佳作，然所言之理却弥足珍贵。再如以下关于“奉命传信”之训诫，亦同样良善：

若你奉命传达讯息，

切须留神倾听，细心谨记；

未彻底明了，切勿出门，

务必确认讯息，方可上路；

既领会使命，须即刻动身，

若事有急需，更宜速行。

传讯之时，先行恭敬致礼，

言简意赅，择语妥善；

完成使命，速即返程，

将所获之复命，如实禀报；

不添油加醋，不曲意遗漏，

以免事后招致责备羞辱；

尽量一字不差，如实陈述，

旁人自无可挑剔之处。

文中亦有谆谆告诫，力劝孩童戒除“粗鄙之誓言”：

上帝之名不可轻言，

誓言休出口，恐招祸端。

塞涅卡智者亦谆谆告诫，

纵能因此获利，誓言亦须弃绝；

伯里克利言辞坦诚明朗，

告诫众人摒弃妄誓之习；

上帝律法已颁明训诫，

誓言之俗，须于人间绝迹。

哲人忠告言之谆切，

誓言之风，务须痛绝；

基督门徒更须守持此诫，

弃绝妄誓，不染尘俗之弊。

此外尚有“戒除污言秽语”与“杜绝谎言欺诈”之告诫，并附有一则“临寝之时”所用之祷文。

《礼仪之书》（Boke of Nurture）所载规训，大致相类，其韵律亦皆粗朴无华。值得一提的是，若细察历次刊本之差异，可

安妮·哈撒韦农舍

见当时礼仪风尚之渐变；兹举一例，以供观览：

初版刊行之时，手帕尚未广泛流行，因此如何在无手帕情况下擤鼻涕，实令作者与诸多礼仪著述者颇感为难。直至 1577 年，手帕渐次普及，罗兹（Rhodes）方建议道：

莫将鼻涕擤于餐巾，

餐巾本为净手而备；

欲洁鼻间，须用手帕。

至 1619 年所刊《举止礼仪之书》（The Booke of Demeanor）则言：

切莫如昔日苏格拉底，

以帽擦拭鼻间之涕；

亦莫以衣袖代为手帕，

此举失仪，岂能得体。

务须随身备妥手帕，

洁净鼻间，仪容方雅。

此外如前文所及之牙签之引入、餐叉之逐渐普及，以及种种礼仪风俗之微妙变迁，亦可于此类书籍中追溯端倪，趣味横生。

《德行学堂》（The Schoole of Vertue）或类似题名之书籍，似亦为当时男童学校所用。约翰·布林斯利（John Brinsley）1612 年著《语法学校》（Grammar Schoole）一书中，即列有“幼童启蒙所用书目”，其中言及启蒙读物如《识字课本》（Primer）与《韵律诗篇》（Psalms in metre）——因“韵律流畅，孩童易学而喜诵”；继而为《新约圣经》（Testament），继之则言：“若有其他适于初学童子之小册，则当首推《德行学堂》，因其通篇礼仪箴言，语言浅显，韵律圆熟，孩童乐于习诵；继之则为《新德行学堂》，又名《礼仪学堂》，可谓引领童蒙步入礼仪堂奥之善书。”

室内游戏与娱乐

若论乡间人家室内嬉戏消遣，可参阅文森特所著《与一位英国廷臣之对话》（Vincent's Dialogue with an English Courtier，1586年刊）。书中言道：“逢上天气恶劣，若家中仅有夫妻二人（虽不多见），便请几位相识邻里，闲坐共娱。或掷骰博弈，或纸牌较技，随人多少与技艺高低，各自择优而组。……有时兴起，玩‘掷钱逐分’（Slide-thrift）或‘针刺便士’（Penny Prick）；寒冬之夜，尤爱圣诞游戏，动作敏捷，趣味盎然。此外亦不乏聪慧诙谐之人，熟谙诗文，常为我们诵读《华威的盖伊爵士》（Sir Guy of Warwick）、《艾蒙家族四子传奇》（The Four Sons of Aymon）、《愚人船》（The Ship of Fools）、《百篇笑谭》（The Hundred Merry Tales）、《谜语之书》（The Book of Riddles）等诸多趣味横生的佳作。彼时彼境，每于久坐之后，或赌资耗尽之时，闻此隽语妙文，不觉神思为之一畅。”

“掷钱逐分”（Slide-thrift），亦称“掷钱逐槽”（Slip-groat）或“推钱逐格”（Shove-groat），乃十六、十七世纪文献常见之游戏。斯特拉特（Strutt）于《英伦娱乐》（Sports and Pastimes of

England）一书中，有如下详细记载：

“桌面中央，以粉笔画成长方形区域，宽约一尺至尺余，长约三四尺不等。此区域横向划分为九个格槽，各格顺序标以数字，自一至九。游戏双方各执一枚光滑半便士钱币，置于桌缘，以掌心猛然击之，使其滑向数字区域；钱币最终落定之格槽，其数字即为得分。游戏目标通常定为三十一分，须恰好得中，若超过，则须再取九分，亦必须精准落于九分之格，否则此轮作废。此外，

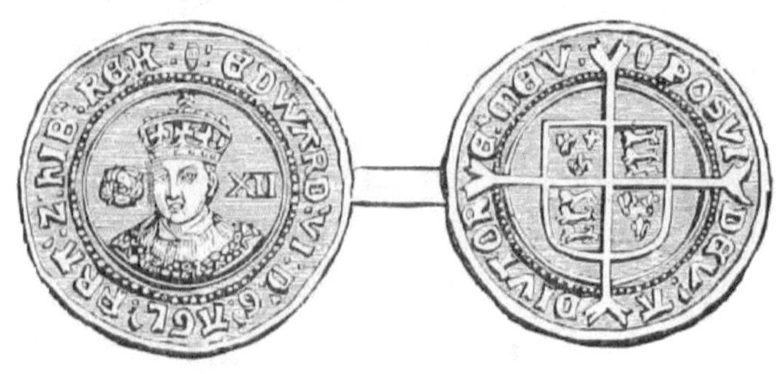

爱德华六世时期的先令硬币

如钱币停于格线之上或超出格槽之外，亦视作无效。掷钱顺序由双方抛掷钱币决定，得首位者自占优势。”

推板戏（Shuffle-board），亦有文人将之误作“掷钱逐分”（Slide-thrift），其实二者虽皆在桌上进行，以硬币或金属圆片推掷，但所用之板较长，规则亦不尽相同。

莎翁《亨利四世（下）》第二幕第四场中，福斯塔夫欲驱逐匹斯托尔，乃命巴道夫道：“巴道夫，像推板戏里的一先令硬币

一样，把他推出去！”

《温莎的风流妇人》第一幕第一场，斯兰德被问及匹斯托尔是否偷其钱袋，答道：“正是！我以这双手套发誓，他偷走了七个用铣磨过的六便士铜币铸成的四便士硬币，还有两枚爱德华推板币（Edward shovel-boards），每枚花费我两先令又两便士。”所谓“爱德华推板币”，乃是爱德华六世时代铸造的宽边银先令硬币，专为推板游戏而广受欢迎。或有论者以为斯兰德为一枚磨平的先令花费两先令两便士，显得愚不可及，然亦可能彼时此种旧币因用于游戏颇受追捧，故溢价购买。本以银制四便士（groat）为常用，后遂以爱德华六世之先令为佳。泰勒（Taylor）水上诗人曾拟此币之口吻作诗曰：

我脸光洁无须，平滑素朴，
因为我那君主登基尚年幼。
若我头像长须茂盛，
早已被推板戏徒磨损殆尽；
只因败家子弟日复一日，
将我面朝下于板上推掷。

所谓“针刺便士”（Penny-prick），一说为“将细长铁条投向目标”的游戏；又有作家解之曰：“将半便士置于称作‘木桩’（hobs）的细棍上，再以物掷之”。此戏早于十五世纪已流行一时，然因涉赌博之嫌，为当时宗教人士所非议。

纸牌之戏于亨利八世时即已甚为普及，朝廷乃颁法令，禁止学徒玩纸牌，唯圣诞佳节方许之，且只限于师傅家中。彼时文人虽提及纸牌玩法种类繁多，却少有详述规则者，故游戏细节今已不甚明晰。

双陆棋（Backgammon），亦称“掷骰双陆”（tables），莎士比亚时代亦颇受青睐。莎翁《爱的徒劳》中有所提及，第五幕第二场，比隆讥讽波耶道：

此人乃装腔作势之猿猴，

当他掷骰双陆之时，

总要煞有介事地责备骰子。

“嘀嗒棋”（Tick-tack）亦为一种掷骰双陆之戏，《一报还一报》(Measure for Measure，第一幕第二场）中即借之喻人：“如此糊涂，输了一局嘀嗒棋”。

“三点赌”（Tray-trip）则是一种掷骰游戏，输赢关键在于掷出三点（法语 tray 即 trois，意为三）。莎翁在《第十二夜》(Twelfth Night，第二幕第五场）中言道：“难道我要赌上自由，孤注一掷，输你个三点赌，从此做你的奴隶？”

“投夫人”（Troll-my-dames）是一种类似今之弹子台的游戏，其名称源自法语 trou-madame，亦称作“鸽子孔”。约翰·琼斯医生在其 1572 年的著作《巴克斯通古浴场》（Ancient Baths of Buckstone）中描绘道：“诸位夫人、贵妇及少女，可于画廊漫步，若天气不佳，画廊末端设长凳一张，凳上开孔十有一，诸人可随意投掷大小铅丸，或铜、锡、木制之球，或猛或柔，悉随己意；此戏名之曰‘投夫人’。”

莎士比亚《暴风雨》（The Tempest，第五幕第一场）中，费迪南德与米兰达二人对弈西洋棋（Chess），然除此一例，莎翁作品未再明晰提及此戏。西洋棋于诺曼征服前即传入英伦，上流社会颇为推崇，而寻常百姓却鲜有涉猎。

流行的书籍

亨利街莎翁故居中，藏书或寥寥可数。但前文文森特所言的那些书籍，在各个阶层皆广为流行。《华威的盖伊》（Guy of Warwick）故事，从十二世纪始即被人以散文与诗歌再三吟诵，直至莎士比亚时代依旧风靡。书中英雄传说发生之地，正是莎翁家乡斯特拉福一带，故当地人对此故事及相关歌谣谙熟自如，乃合情合理之事。

《艾蒙四子》（The Four Sons of Aymon）则是译自法语散文传奇，此传奇原型最早可溯及十三世纪民间吟游歌谣。艾蒙本为阿登王子，其事迹半真半幻，他与四子之故事亦被意大利与法国诸多诗人，如塔索（Tasso）与阿里奥斯托（Ariosto）等广泛采撷。

《百则趣谈》（The Hundred Merry Tales）为莎翁时代极受欢迎的笑话书籍，莎翁于《无事生非》（Much Ado About Nothing，第二幕第一场）中借比阿特丽斯之口，曾戏谑班尼狄克言及此书：“他道我是轻狂不羁，满脑子的妙语，尽从《百则趣谈》中来！”

《谜语集》（The Book of Riddles）则在《温莎的风流妇人》（The Merry Wives of Windsor，第一幕第一场）中被莎翁提及，与另一部伊丽莎白时代家喻户晓的诗集《歌与十四行诗》（Songs and Sonnets）并举：

"斯兰德：我情愿花上四十先令，换回我的《歌与十四行诗》！

（辛普尔上场）

喂，辛普尔！你跑哪去了？难道非得我亲自伺候自己？你随身带着《谜语集》吗？

辛普尔：《谜语集》？你不是在诸圣日前夕——离圣米迦勒节前两星期时，已把它借给爱丽丝·肖特凯克了吗？"

此书某一版本之扉页载曰："《趣味谜语集》，内附妙语问答与机智谚语，可供闲暇消遣，亦便于儿童少年检验机敏灵慧与否。"

现摘录其中数则短谜，以为示例：

第五十一则谜语：

我心甘情愿，
成全我所恋；
此诗藏其名，
君知为何言？

My lovers will
I am content for to fulfill;
Within this rime his name is framed;
Tell me then how he is named?

谜底："William（威廉）"之名。诗之首行含"will"，次行首字乃"I am"，两相连缀即得"William"。

第五十四则谜语：

几条牛犊尾，
可将苍穹连？

How many calves tailes will
reach to the skye?

谜底： 只需一条，若其足够长。

第六十五则谜语：

圆如滚动球，
长度胜圣保罗钟楼，
风信鸡亦囊括其中；
汝道为何物？

What is that, round as a ball,
Longer than Pauls steeple,
weather-cocke, and all?

谜底： 一团绕展开来的线球。

第六十七则谜语：

穿林度木行无踪，
枝叶一丝未曾碰；
君可猜得为何物？

What is that, that goeth thorow the wood, and toucheth never a twig? Solution.—It is the blast of a horne, or any other noyse.

谜底： 乃是号角之声，或其他响动。

“Bottom”（线球）此词意为线卷，《驯悍记》（The Taming of the Shrew，第四幕第三场）中葛路米欧（Grumio）与裁缝对话道：“老爷，我若说过‘宽松长袍’，便将我缝在袍裙里，再用褐色线球打死我；我只说了一件长袍。” 此词亦作动词用，《维洛那二绅士》（The Two Gentlemen of Verona，第三幕第二场）云：

为免情丝解散，

徒然一片凌乱；

请将其心爱恋，

紧系于我身畔。

此处“bottom”旧义，当亦是莎翁创作《仲夏夜之梦》中织工波顿（Bottom）之名的由来。

讲故事的风俗

莎士比亚年少时，寻常人家纵然书籍稀缺，然入夜之际，围炉听讲口头传说、传奇与乡野逸闻，却是从不匮乏。口耳相传之故事，无论史实或虚构，其蕴含之丰富，实乃取之不尽。

弥尔顿在《快活人》（L'Allegro）一诗中，即为我们描绘了一幅乡村之夜围炉而坐、娓娓听人讲述精灵传说的温馨画卷：

香醇榛色麦酒旁，

夜话传奇共芬芳：

仙子玛布偷甜乳，

揪掐捉弄诉难忘；

他人提灯引游历，

追述妖精多勤劳，

一夜悄然谷物脱，

胜过凡人十日劳；

顿时疲惫懒鬼躺，

毛发蓬松享炉光；

翌晨鸡鸣破晓前，

饱食扬长室外忙。

故事罢时眠意涌，

人榻听风伴轻梦。

“仙后玛布”的形貌，莎士比亚已借由《罗密欧与朱丽叶》中快活的茂丘西奥之口绘声绘色（第一幕第四场 53-94 行）；而那“忙碌的小妖精”，即“罗宾·古德费罗”，便是《仲夏夜之梦》里的帕克（Puck）。仙子曾向他言道：

人唤汝作霍布小妖与甜美帕克，

汝为人间奔忙，世人遂得好运。

（第二幕第一场 40 行）

同一场中，帕克亦自述他戏弄“炉边讲述凄惨故事的智慧老妇”，又如何吓唬少女、扰乱主妇之种种顽皮行径。

如同长辈们一般，孩童们也自有他们的故事；莎士比亚在《冬天的故事》中（第二幕第一场 21 行起）刻画了一幅家庭场景，或许正出自童年经历。正如查尔斯·奈特先生所问：“此处我们能否将赫米温妮视作玛丽·莎士比亚，马密里厄斯即为年少的威廉呢？”

赫米温妮：“你们又有什么奇妙的话题？来吧，我正要找你呢；过来坐在我身旁，给我们讲个故事。”

马密里厄斯：“您想听欢喜的，还是悲伤的？”

赫米温妮：“越欢喜越好。”

马密里厄斯：“冬日里，还是悲伤的故事更适合。我有一个，讲精灵与鬼怪。”

赫米温妮：“很好，亲爱的，就讲这个吧。坐下来，尽力讲得吓人些，你最擅长这个了。”

马密里厄斯：“从前有个人——”

赫米温妮：“不不，先坐好再说。”

马密里厄斯：“他住在墓地边……我要悄悄地讲，免得那边蟋蟀听见了。”

赫米温妮：“好，那就说到我耳朵里来。”

就在此时，他的父亲李昂提斯进来了，故事也就此中断，永未讲完。

奈特先生以颇为可信的推测指出，少年威廉或许曾接触过一些书籍，日后他创作戏剧时许多故事灵感正源自于此；他可能也曾向家中的兄弟姐妹们讲述过这些或欢快或悲戚的故事。

这位和蔼可亲的传记作家如此写道：“威廉手中曾有一本自孩提时便被他翻得烂熟的《欢乐宫殿》——一本‘优美华丽、趣事盎然的故事集，皆从诸多优秀作家中精选而成，出自兵械库书记员威廉·佩因特之手’。译者在献给安布罗斯·华威伯爵的献辞中言道，这书中陈列着‘尊贵绅士之勇猛，壮士勇者之鏖战，高贵女子之贤德，忠贞女士之纯洁，坚毅君主之隐忍，温婉妇人之容让，以及众生面对逆境之从容不迫。’”

“书中也不乏妙趣横生的格言与小寓言，威廉·莎士比亚的弟妹们定曾无数次听他活灵活现地讲述，至今记忆犹新。其中便有伊索寓言中老云雀与幼鸟的故事，寓意‘人若有所企图，其希望与信赖只应寄托于自身’。还有孩童们最爱的故事：罗马奴隶被带到众目睽睽的广场之上，与一头威猛狮子决斗。岂料猛狮初见奴隶时，竟骤然停步，缓缓靠近，仿佛认出旧时恩人，舔其手足；原来此人曾为此狮疗伤，自此人与兽之间遂成知己。”

“这些故事多为年幼孩童所喜，但威廉又从同一本书中寻得了新鲜的题材，这个题材他反复琢磨，久而久之，故事情节在他脑海中逐渐化作了对白，甚至已然带上诗的韵律，他讲述起来优美而热情洋溢。那便是佩因特从法国作家皮埃尔·布瓦斯托处译来的故事：《罗密欧与朱丽叶之间忠贞不渝的爱情佳话》。而在此前，同一部故事集中还有《纳博讷的吉莱塔》：一名女子治愈了法国国王的沉疴，国王遂将她许配给自幼一同长大的贝尔特拉莫伯爵。伯爵起初轻视并遗弃了她，但最终两人复合，幸福而体面地共度余生。”

“威廉年少时还仔细阅读了另一部集子，即1577年由R·罗宾逊译出的《罗马事迹》。这是一部流传至当时的古老传说汇编，僧侣编史者们于其中融入了古今世界各种神奇故事。他会讲述富家小姐如何通过金、银、铅三只匣子选择丈夫的故事；还会讲述商人与无情债主之间的诉讼——债主要求按契约从商人胸口割下一磅肉，最终因巧妙解读契约条文而使贪婪债主落败。”

“这些传奇之中还有狄奥多西皇帝的故事：皇帝有三个女儿，两个宣称比爱自身更爱父亲的女儿，最终却对他冷酷无情；唯独小女儿只说爱父如其所应当，却在皇帝危难之际施以援手，证明她才是真正忠诚的女儿。”

这些流传于时光废墟中的传奇故事，于那个少年，如同从古老建筑废墟的墓穴中发现的种子，埋葬在被遗忘的先辈遗骸旁。然而一旦得天地之灵气滋养，便将重新破土，长成鲜花树木，终成滋养人间的丰美果实。

而超越这一切，我们的小马密里厄斯心中，更存有许多“精灵与鬼怪”的奇妙故事。此等超然之物虽凌驾于自然之上，却仍受到最普通的自然节律所制约：

我曾听闻，

报晓的雄鸡，黎明的号手，

以其高亢嘹亮之声，唤醒日之神明；

在其呼唤之下，

无论海洋烈火，抑或大地穹苍，

那飘忽不定、迷途的灵魂，

均匆忙归返其疆界。

这些神秘的生灵拥有非凡力量，却又终究有限。他们时常带着善意而至，或警醒世人、或揭示真相。人们对他们的信仰并非卑贱低俗，反倒与超越尘世的永恒信念相联。爱者常期待他们的来临，于梦中与失落的至亲相见——亲人笑容温柔，述说着那不存在分离与变迁的世界。这样的故事，甚至孩童亦可谈及而无恐惧。他们静静栖息在灵魂的某处一隅，那里是天使守护的圣地，那里有天上神明的阶序，那里星辰旋转，音乐与宇宙同声共鸣。

威廉·莎士比亚还会向他那些求知若渴的小听众讲述，亚瑟王的年代里：

仙后携其欢快之众，

常于翠绿的原野上翩然起舞。

少年轻吟起这喜爱的古诗时，总会幻化出一群美丽灵巧的超然生灵：白昼之时，他们栖身在阿登森林的橡子杯中；月光洒落埃文河畔时，他们便在青草地上尽情狂欢，舞蹈所形成的仙环，“羊群亦不敢啮食”。他们啜饮蜜蜂的花蜜，借萤火虫微光促膝而语；守护玫瑰嫩芽，驱散猫头鹰的啼鸣。或许有一天，威廉会写出一出关于仙灵的小戏，他的妹妹琼可做他们的女王，而他自己便是仙王；因为他曾与仙灵们对话，熟悉他们的语言与习俗，他们是“善良的生灵”，定会乐意与一个孩童一同嬉戏。

然而当这个少年谈及女巫时，空气中顿时笼罩着恐惧与静默。他的母亲或许清晰记得，她新婚那年，珠厄尔主教曾向女王启奏：她的臣民逐渐憔悴，甚至死去，这一切皆因巫术邪法横行所致。世人皆知女巫分为三种：一种能害人却不能救人，一种能救人却不能害人，而最可怕的第三种，能救人亦能害人。因此，谈及女巫已属危险之举。

但威廉曾在一位比霍林希德更古老的编年史作家处，读到苏格兰邓肯王遇害的旧事。他压低声音讲述，以免“远处的蟋蟀也能听见”：当麦克白与班柯从弗瑞斯归来，在途中开怀畅谈之时，三位神秘的女巫忽然现身于荒野之中，身着奇异狂野之服，形貌仿佛远古的异类生灵。她们预言麦克白将成为苏格兰之王，而麦克白自此野心萌动，最终谋杀了那仁慈的君主与主上。

讲到此处，少年故事家便转而述说较为安全的话题：那些深谙天文之术的智者，如何从星辰的运转中洞察人类命运；以及那些更为博学、身披洁白麻衣之人，又如何能驾驭大地、水域与天空之中的神灵。一些孩童会说，只要在门上挂起马蹄铁，或是用马鞭草与莳萝，便能免遭巫术迫害。但他们的母亲会提醒他们，世上有一种比草药和马蹄铁更为可靠的守护之力——若祂慈悲恩准，凡以谦卑之心寻求祂，将心灵全然交托于祂，则无论眼见或未见之恶，皆不足惧怕。于是，这一家人将祈祷献于那无上的力量；夜幕便不再恐怖，睡梦安然祥和。

洗礼仪式

古时为孩童行洗礼，是一场盛大的宴会与馈赠的庆典。按传统，教父教母须向婴儿赠送银质或鎏金汤匙作为贺礼，汤匙的柄端雕刻着一位圣徒的形象，故称为“使徒汤匙”。家境富裕而慷慨之人，往往赠送十二支完整的使徒汤匙；稍逊者仅送代表四福音书作者的四支；而贫困之家便只送上一支。

莎士比亚在《亨利八世》中亦曾提及此俗（第五幕第三场168行）：当克兰默自谦不配担任小公主伊丽莎白的教父时，国王打趣道：“好了好了，我的大人，您只是舍不得那些汤匙罢了。”这话暗示着克兰默大主教想躲避给婴孩馈赠礼物的义务，妙趣横生。

据传莎士比亚曾做过本·琼森某个孩子的教父，在施洗典礼过后，莎翁对好友戏谑道：“我说啊，本，我就送他一打好‘拉丁’汤匙，你再负责把它们‘翻译’成英文罢！”对此，托马斯先生幽默地解释道：“莎士比亚意在以机智胜过富贵，因此所赠的汤匙并非真正的银器，而是用‘拉丁铜’（latten，即古时指类似黄铜的合金）制成。这份礼物，用来馈赠才华横溢的琼森之子，再合适不过了。”

斯特拉福教堂古老洗礼池

洗礼仪式过后，会在婴儿的头上覆盖一块白色亚麻布，称之为“圣衣”（chrisom，或 chrisom-cloth）。最初此布会佩戴七天，宗教改革后改为母亲“洁净礼”之前一直佩戴。若婴儿在此期间夭折，则会连同圣衣一起入葬。教区登记簿中常将这些夭折的婴儿称为“圣衣儿”。在《亨利五世》（第二幕第三场第 12 行）中，快嘴桂嫂谈到福斯塔夫爵士之死时说：“他走得很安详，就像个圣衣儿一样”，意即他的离世如同婴儿般平静。此处桂嫂误将“chrisom”说成了“christom”。

“襁褓”（bearing-cloth）则是在抱婴儿前往洗礼盆时用来覆盖婴孩的一块精致布巾。在《冬天的故事》（第三幕第三场119行）中，牧羊人在海滨发现被遗弃的婴儿珀狄塔时，惊呼道：“快看啊，一张贵族家婴孩的襁褓！快拿起来，小子，打开瞧瞧。”史学家约翰·斯托在16世纪末写道，当时的习俗里，教父教母通常不会在洗礼时赠送银器，而只送绣着丝线或蓝线的“小圣洗衫”，袖口及领口细致华美；身份尊贵者的洗礼衣衫还饰以黑丝线与金丝所织的窄蕾丝。即便富贵人家，最华丽者价格也很少超过一枚诺布尔金币（约合6先令8便士），而平民之家赠予者则往往只价值二至六先令不等。

此外，为答谢教父教母的赞助而举办的盛宴称为“教父母宴”（gossips' feast），是英国古老的习俗，伊丽莎白时代的文学戏剧作品屡见其踪。在《错误的喜剧》（第五幕第一场405行）中，当女修道院长发现那对孪生兄弟安提福勒斯正是自己失散多年的儿子时，向众人宣告道：

我整整忍受了三十三载的漫长阵痛，
我的儿子们，直至今日此刻，
我沉重的负担才得以卸下。
公爵、丈夫、儿子们，
以及你们这些记录他们降生的人们，
同赴教父母宴，与我同庆吧！

经历如此漫长悲痛，此刻正宜欢庆!

公爵亦欣然应道：“我必将赴此宴，一同庆贺。”

1603年的《单身汉的盛宴》一书中，也提到了这些宴会：“洗礼日来临之前，为了准备这一切，要花费多少财力与精力！多少糖果饼干，多少蜜饯、茴香糖、橘子酱与杏仁饼，琳琅满目的甜点与多余的宴会小食，以及数百种毫无必要的琐碎物件，这些东西全都塞满了讲究女士们的口袋。”由此可见，当时参加宴会的女士们不仅尽情享用美食，还会顺手将各种佳肴塞进衣兜带回家去。

一位1666年的作家提及此俗时，亦幽默讥讽道：

如今教母教父之流，

在洗礼宴会上，吃的比送的还多。

从前人们饮尽鎏金的甜酒碗后，

总将碗留作馈赠，

至少送两支汤匙——

如今好风俗早已失传，

能保住自家的汤匙就不错了!

他暗讽某些宾客不仅不送金碗或“使徒汤匙”，反倒可能从餐桌上顺走汤匙回家。

年幼的莎士比亚一定经常目睹这种洗礼仪式。他五岁时，妹妹琼接受了洗礼；八岁时，是妹妹安娜；十岁时，是弟弟理查德；十六岁时，又轮到弟弟埃德蒙。

出生与洗礼

在莎士比亚生活的年代，婴儿所面临的风险远不止疾病的侵扰。玛丽·莎士比亚在守望襁褓中的婴孩威廉时，或许也曾为一些如今母亲们根本不会想到的怪诞风险而忧心忡忡。

彼时人们普遍相信，巫婆和仙子喜好偷走俊美且前途可期的婴儿，而把自己丑陋顽劣的后代留下代替。莎士比亚就在《仲夏夜之梦》（第二幕第一场 23 行）中提到这些被称作“掉包儿”（changelings）的婴孩，小精灵帕克说奥伯龙正因为一个漂亮的印度男孩和提泰妮娅争吵：

因为她新近收下一个侍童，

那是从印度国王身边偷来的；

她从未见过这么甜美的掉包儿。

这个“掉包儿”在剧中之后亦多次被提及。

在《冬天的故事》（第三幕第三场 122 行）中，当牧羊人发现珀狄塔时说道：“仙子们告诉过我会发财，这一定是个掉包儿。”而且他相信留在婴儿身边的钱财就是所谓的“仙子黄金”。由于孩子长得非常美丽，他并未将其视作被换置的丑陋精灵，而是仙子们出于某种缘故所遗弃的人类婴孩。如果不是因那一袋金币，他或许会猜测这孩子是仙子们偷走后暂时隐藏于此处的婴儿。斯宾塞的《仙后》（第一卷第十章 65 节）也曾描述过类似的情景：

吾确知尔源自远古王族，

撒克逊之君赫赫功勋，

身经百战，英勇无匹，
曾于不列颠建下崇高王座；
但仙子却趁汝襁褓之际，
偷走了你，将其丑陋妖儿
放入汝处，人称此儿掉包儿。

仙子将汝带往仙之国度，
藏于耕地田垄之间；
耕夫茫然，偶然发现，
驾着辛苦的犁具经过此处，
将你带回家中，以农夫之子抚养。

《亨利四世上篇》（第一幕第一场 87 行）中，国王亨利四世将勇武的霍茨波与自己放荡不羁的儿子对比时，不禁感叹道：

但愿能够证明——
某个夜游的仙子，
曾趁婴儿熟睡之际，
悄然交换了我们襁褓中的孩子；
他儿改称普兰塔热内，我儿名作珀西；
如此一来，他的哈里便属于我，而我之子则属他！

在莎士比亚的年代，另一种广为流行的迷信观念便是对“邪眼”（evil eye）的畏惧。这种观念历史悠久，可追溯至希腊罗马时期，西奥克里特、维吉尔等古典作家均有提及。在土耳其，人们常在房屋外墙书写《古兰经》的经文，以抵御女巫恶意的凝视，据说这些女巫仅凭视线即可对人畜造成严重伤害。

托马斯·拉普顿在其《奇闻轶事录》（1586年）中写道："不仅眼睛是施咒的工具，甚至某些人的声音和恶毒之舌同样如此。"培根在他的杂著中也提到："据观察，尤其当被嫉妒的人正处于荣光与胜利中时，妒意之眼的注视伤害最甚。"

罗伯特·赫伦在1793年的苏格兰游记中亦言："牲畜经常受'邪眼'所害，据称某些人天生便具此毒目，凡令他们垂涎或不悦之物，均可施以毁灭之力。此外，女巫术士也惯以此为工具发泄恶意……人们通常将小段花楸木系在奶牛的尾巴上，作为驱邪避祸的护身符。"

直至1839年8月，伦敦一家报纸尚记载了一则案件：一名女子仅因有些斜视，便被室友怀疑拥有邪眼之力。

许多情况下，人们并不认为拥有邪眼之人一定邪恶，甚至认为善良之辈亦可能天生具此魔力，并在无意识中伤及他人。据说教皇庇护九世（Pius IX）即位后不久，当时他或为全意大利最受爱戴之人，某次乘车经过街头时随意抬眼望向楼上的一名保姆和她怀抱的婴儿。数分钟后，那名保姆失手坠落孩子致其身亡。虽无人相信教皇刻意为之，但自此人们普遍认定他具邪眼之力，直至他离世，这种传言仍未平息。

莎士比亚在《温莎的风流妇人》（第五幕第五场87行）中，即借手枪对福斯塔夫道："卑鄙的蠕虫，你刚出生就被邪眼盯上了！"《威尼斯商人》（第三幕第二场15行）中，鲍西亚亦带玩笑意味地与巴萨尼奥提及此种迷信：

你的眼睛害我了，

把我凝视并分割成两半；

一半归你，另一半也归你。

护身符与辟邪物

人们借助各种护身符与咒语，以抵御上述及更多数不胜数的危险。除此之外，人们也相信护身符能够防治疾病。巫师与女巫常使用咒语达成他们邪恶的目的，而那些害怕遭受巫术侵害的人们，则寄望于另一种咒语来对抗巫术。

《奥赛罗》（第一幕第二场 62 行）中，苔丝狄蒙娜的父亲勃拉班修怀疑摩尔人奥赛罗正是用邪术获取了女儿的芳心。他对奥赛罗道：

啊，可耻的盗贼！你把我女儿藏到哪儿了？

你这个被诅咒的人啊，定是施了妖术迷惑了她。

在此之前的一幕中，他与罗德里戈谈话时质问道：

难道世上没有这种妖术，

能毁去少女的纯洁与真心吗？

你没听说过此事吗，罗德里戈？

罗德里戈应道："是的，先生，我确实听过。"后来，当奥赛罗讲述自己是如何赢得姑娘的爱情时，他总结道：

她爱我，是因为我历经种种险境；

而我爱她，则因她怜悯我所遭受的一切。

我所用的巫术，仅此而已。

在《仲夏夜之梦》（第一幕第一场 27 行），伊吉斯也控诉莱桑德用魔法手段追求赫米娅："此人迷惑了我女儿的心！"

《无事生非》（第三幕第二场 72 行）中，贝尼迪克被朋友们戏谑道他假装牙痛时，他则辩解："但我可没用牙疼咒。"

约翰·梅尔顿在《星相大师》（1620 年）一书中提到，当时人们普遍相信："只需在病人头顶轻轻念几句奇怪的咒语，便可治愈牙痛、疟疾、痉挛、发热，以及其他许多病症。"

莎士比亚的时代，人们常借助书写的咒语作为护身符，这些咒语或以散文或韵文书写，或仅由一些无意义的字母、符号及奇异词语组成。"阿布拉卡达布拉"（abracadabra）就是当时极为流行的一种符咒，人们相信将其写在护身符上可以治愈或预防某些疾病。据称，若要此咒完全发挥功效，须按照以下方式逐行书写：

ABRACADABRA
ABRACADABR
ABRACADAB
ABRACADA
ABRACAD
ABRACA
ABRAC
ABRA
ABR
AB
A

斯特拉福教堂门廊

大英博物馆珍藏的一份手稿曾提到：“班尼斯特先生声称，他曾在一年内用‘阿布拉卡达布拉’这一咒语治愈了两百名疟疾患者，只需将此咒佩戴在病人脖子上即可。”

托马斯·洛奇在其 1596 年出版的《化身的恶魔》（Incarnate Divels）中提到这种书写咒语：“你只需给他一个刻有十字记号及‘阿多奈’（Adonai）或‘以洛欣’（Elohim）字样的铅牌，他便相信疟疾一定会痊愈。”

人们亦相信某些特定树木，如接骨木和白蜡树，能够提供制作护身符与符咒的材料。1651 年一位作者曾写道：“平民百姓视四月末日采集的接骨木叶为至宝，并将之悬挂在门窗上，以抵御巫术的侵扰。” 另一种防治丹毒（俗称“圣安东尼之火”）的护身符，需用“从未受过阳光照射”的接骨木制成，取“两节之间的一段”，悬挂于患者的脖子上。

1599 年一本书提到：“若某人食用三朵小石榴花，则可保一年内远离一切眼疾。” 同一本书中还记载：“涂抹菊苣的汁液于身体之上，据说能有效地赢得显贵人物的欢心，此种迷信过去存在，如今仍在。”

将月桂叶随身携带可作为避雷的护身符。罗伯特·格林在《佩内洛普的织网》（Penelope's Web，1601 年）中写道：“凡佩戴月桂叶者，免受雷电伤害。” 韦伯斯特于 1612 年所著悲剧《白魔鬼》（The White Devil）中，科妮莉娅说道：

拿来那些月桂叶吧：

我会给他的头戴上花环；

此物将护我儿免受雷击。

伯顿的《忧郁的解剖》（Anatomy of Melancholy，1621年）中也评论道："我发现，护身符及类似随身物件，有些人反对，有些人则推崇备至……我赞同雷诺德的说法，这些物件并非全无价值。"

1584年，雷金纳德·斯科特在其《巫术揭秘》（Discoverie of Witchcraft）一书中，揭露并嘲讽了巫师、魔法师及占星家的荒诞伎俩。他还记录了一位老妇人治病的趣闻：这位老妇总是低声在病人头旁念诵咒语，治愈病人后便收取一便士与一条面包。最终，老妇因被人威胁要以巫术罪名烧死而惊恐万分，不得不承认自己所谓的"法术"不过是喃喃自语以下几句：

你的面包落我手，

你的便士归我兜。

你病不见好转，

我也未受亏损。

斯科特是那个时代少数敢于挑战巫术与魔法迷信的人之一，因此詹姆士一世下令将他的著作公开焚毁。詹姆士一世还亲自撰写了《魔鬼论》（Demonology），并明确表示该书主要是为了反驳维鲁斯（Wierus）与斯科特的"可恶观点"，尤其斯科特竟"毫无廉耻地公开否认世间存在巫术"。同时期的神学家与科学家纷纷加入声讨斯科特之列，力图反驳他对当时愚昧迷信思想的猛烈攻击。

从莎士比亚的剧作中，我们能够推测他曾读过斯科特的书，并有充分理由相信莎士比亚与斯科特一样，是那个时代极少数认识到巫术和魔法之荒谬的人物。他在童年时或许还如其父母及斯特拉福的居民一样相信这些迷信，然而成长为成年人之后，他似乎已将之视为饶有趣味的古老民俗，偶尔将其作为自己戏剧与诗歌的素材。

本文所举有关莎士比亚时代民间迷信的例子，仅是当时成千上万类似现象中的寥寥数例罢了。要深入了解这些迷信，可参阅相关专题著作，或查阅当时戏剧和文学作品中所散见的众多实例。

第 III 部分

学堂生活

文法学校内庭

斯特拉福文法学校

如前文（第 38 页）所述，莎士比亚时代的斯特拉福文法学校已有悠久历史，其创立可追溯至 15 世纪上半叶，当时由行会建立。至行会解散后，1553 年 6 月，该校经皇家特许重新设立，命名为“斯特拉福镇国王新设文法学校”。特许状中明确指出：

“此自由文法学校设一名校长兼教师，此后永久存续。” 校长由华威伯爵任命，每年从国王特意拨付的土地收入中获得二十英镑薪俸。时至今日，该校部分经费仍来自这项皇家拨款。

学校紧邻行会小教堂，其校舍现仍保存。最初，学校位于建筑的二楼，通过一条外部的砖瓦顶楼梯进入；这条楼梯约在五十年前被拆除。莎士比亚年少时，这座校舍已颇显老旧且失修。1568年，校舍曾部分翻修；施工期间，学校曾临时迁入毗邻的小教堂上课，这在此前可能也不止一次发生。或许正是这样的场景，让莎士比亚联想到《第十二夜》（第三幕第二场第 80 行）中马伏里奥的比喻：“像个在教堂里开学堂的迂腐教书匠。”1595 年，一项法规明令禁止在教堂或礼拜堂内办学。

在伊丽莎白时代，英格兰免费学校的教育质量，很大程度上取决于校长个人的学识；然而，当时校长的水平参差不齐，劣师居多，贤师难寻。17 世纪作家亨利·皮彻姆曾叹道：“举国上下，皆为此疾而叫苦不迭：明智能干之师，每二十人中未必有其一，多为无知懒惰之辈。这些人辜负英格兰天赋聪颖的孩童，欲教其成才者一，而毁之以庸愚者十。” 罗杰·阿斯卡姆稍早些年也曾有类似感慨。许多小镇的教师职位往往授予“识字有限的老资格市民”。更有甚者，有时庸医巫师竟也摇身变为教师，如莎士比亚《错误的喜剧》（第五幕第一场第 237 行）中的品奇，厄菲索斯的安提福勒斯便曾这样描述他：

他们带来了一个名叫品奇的家伙，

一个饿瘦形枯的恶徒，

旧时的教室模样

骨瘦如柴，江湖骗子一个；
一个破衣烂衫的杂耍人，兼算命先生，
可怜兮兮，眼窝深陷，目光尖利，
活脱脱一具行尸走肉。
这个阴险的奴才竟然自诩为巫医，
他盯着我的眼，摸着我的脉，
厚颜无耻地对我大喊，
说我中了邪。

虽然剧本文字未明确品奇是教师，但最早的版本（1623 年）的舞台提示中，他一登场便标明：“品奇，一位教师”。

古时乡村教师常有驱邪巫师之名，或许因为村中除了教士，唯有教师通晓拉丁语，而拉丁语正是唯一一种“魔鬼听得懂的语言”。

16 世纪中期，圣奥尔本学校的一位校长曾直言：“无论如何恳求，我也不会把学生教得比他们的父辈更有文化。”他认为，一旦子辈学识超过父辈，必定“不敬长辈，狂妄难管”。

莎士比亚在斯特拉福文法学校求学时，其教师均为受过大学教育、学识修养至少达中上水准之人，这从他们后来迅速在教会内获得晋升便可推测。威廉学习期间的主要教师托马斯・亨特后来成为邻近村庄勒丁顿的牧师。莎士比亚在《爱的徒劳》中塑造了学究气十足的霍洛弗尼斯，正体现了乡村教师的最佳典范，而品奇则代表了最差典型。霍洛弗尼斯形象生动细致，颇为鲜活，我们不妨推断，莎士比亚多少是以自身经历为蓝本，当然并非照搬照抄亨特老师本人，但亨特的治学风范应与霍洛弗尼斯类似，堪称严谨。

莎士比亚在校所学

1571 年五月的清晨，我们或可想象年幼的威廉首次踏上前往文法学校的道路。若他生于 1564 年 4 月 23 日（或按现代历法的 5 月 3 日），此时已届七岁入学年纪。斯特拉福的孩童，只要已学会认字，即可入学。威廉的识字大概是在家里借助“角书”（Horn-book）完成的，正如他后来在《爱的徒劳》（第五幕第一场第 49 行）中所提到的：

不错，不错，他教孩子们念角书呢！

把‘a, b’倒着拼，顶上再顶个角，是什么？

这种旧时启蒙读物在英国广泛使用，直至 18 世纪中叶方才渐渐消失。角书由单页纸制成，装裱于木框中，外覆透明牛角薄片，故名角书。通常木框带一把柄，柄上有孔，可系绳于腰间，方便孩童携带。

1731 年一本书中提到，“小童身穿束腰外衣，系着引带，一本角书挂在腰间”。1715 年文献中记载，角书价格为两便士，但莎士比亚时代大概仅需一半。

角书的内容一般为大小写字母表、元音列表，以及类似“ab, eb, ib”等简单单音节词汇，另附《主祷文》全文。但具体内容不同时期有所变化。

在伦敦某古籍书商近年目录中，曾列出一册珍稀原版角书，售价十二畿尼，折合略高于六十美元。这些古老角书如今已极其稀少，毕竟多数已难逃昔日学童之手的磨损消耗。

字母表的开头往往先画一个十字架，这便是旧时所称的“基督十字排”（Christ Cross row），后来讹称为“criss-cross-row”，或者简化成“cross-row”（十字排），莎士比亚在《理查三世》（第一幕第一场第 55 行）中借克拉伦斯之口便曾提及此事：

+Aabcdefghijklmnopq
rſstuvwxyz& aeiou
ABCDEFGHIJKLMNOPQ
RSTUVWXYZ

a e i o u	a e i o u
ab eb ib ob ub	ba be bi bo bu
ac ec ic oc uc	ca ce ci co cu
ad ed id od ud	da de di do du

In the Name of the Father, and of the Son, and of the Holy Ghoſt. *Amen.*

OUR Father, which art in Heaven, hallowed be thy Name; thy Kingdom come, thy Will be done on Earth, as it is in Heaven. Give us this Day our daily Bread; and forgive us our treſpaſſes, as we forgive them that treſpaſs againſt us: And lead us not into Temptation, but deliver us from Evil. *Amen.*

他专好琢磨预言和梦境,

从那字母十字排里挑出‘G’字,

又说巫师告诉他，这‘G’字

会断送他的后裔继承权。

沈斯通在《女校长》（The School-mistress）一诗中亦描写了这种角书:

他们手执细小的书本,

其上蒙着透明的牛角片,

免得孩子们潮湿的手指，

抹花了那些清晰的字迹。

也许，威廉孩童时代使用的并非角书，而是一种更为简单的“A-B-C书”，其中除了基础读物外，常常还附有一段问答教义，莎士比亚在《约翰王》（第一幕第一场第196行）中亦曾提及此物：

此刻的你，好似旅行者——

他在我宴席上自顾自地剔牙；

待我这贵族胃口满足之后，

便可悠然剔牙，顺便教义问答；

而面前便是被挑选的各国人士：

“亲爱的先生”，我一边以肘支撑，

一边开始，‘恳请问您’——这便是问题；

然后他的回答便如同念A-B-C书一般。

这里所谓的“Absey”便是“A-B-C”的多种旧时拼写之一，诸如abece、apece、apecy、apsie、absee、abcee、abeesee等等。

七岁的威廉去上学时，路程并不算远。他从父亲居住的亨利街拐个弯（参见前述地图第42页），便进入了高街，虽然在抵达学校前，这条路还两次更名；吉尔德大厅便坐落在此。而与吉尔德大厅毗邻的吉尔德礼拜堂，仅隔一条狭窄小巷，便是镇上最豪华气派的建筑，被称为“大宅”（the great house）。

年幼的威廉每次经过这座宏伟宅邸时，大概做梦也不会想到，大约二十五年后，他竟会亲手购下这栋宅子作为自己的住所。

如今的学校教室看起来很可能与威廉当年上学时相差不多，因为后来加盖的现代天花板早已拆除，重新露出了古旧的橡木屋顶。教室四壁的护墙板和高处的小窗户，明显都是年代久远的旧物。一张旧课桌，可能曾经属于校长，另有几条粗陋的长凳，便是教室中现在仅存的家具；因为这所学校早已搬迁到了更宽敞更便利的新址。而那张据说曾是莎士比亚所用的课桌，虽然并无确切依据，现如今却仍保存在亨利街的故居内。

莎士比亚所用书桌

威廉在文法学校学了些什么呢？大概除了算术和拉丁文之外，没有多少其他的东西了；或许还学了一点点希腊文，其他学科则仅仅是粗浅的接触而已。

他最初的拉丁文课程，很可能取自当时颇为流行的两本书：《词法入门》(Accidence) 和《儿童格言选》(Sententiæ Pueriles)。莎士比亚在《温莎的风流妇人》（第四幕第一场）里描写的威尔士牧师兼学校教师休·伊文斯爵士考察小佩奇（威廉·佩奇）的拉丁文知识时，所引用的对话，几乎逐字逐句地来自《词法入门》。佩奇夫人带着儿子和那位没文化的快嘴夫人走在街上，碰到伊文斯爵士，于是出现了以下的对话：

佩奇夫人： 你好呀，休爵士！ 今天不去上学吗？

伊文斯： 不去，斯兰德少爷给孩子们争取到休息日了。

快嘴夫人： 老天保佑这好心肠的孩子！

佩奇夫人： 休爵士，我丈夫总说我的儿子在书本上毫无长进。拜托你就《词法入门》考考他吧。

伊文斯： 过来吧，威廉，抬起头来，好好听题。

佩奇夫人： 快点，小家伙，别低头，回答老师的问题，不要怕。

伊文斯： 威廉，名词有多少种数？

威廉： 两种。

快嘴夫人： 天哪，我原以为还有一种数呢，因为他们常说“天哪的名词”！

伊文斯： 你这婆娘少瞎嚷嚷！——“美丽”怎么说，威廉？

威廉： Pulcher（拉丁语：美丽）。

快嘴夫人： Pole-cats（臭鼬）？一定有比臭鼬更美丽的东西吧！

伊文斯： 你真是个愚蠢的妇人，安静点吧！——Lapis（拉丁语：石头）是什么意思，威廉？

威廉： 一块石头。

伊文斯： 那一块石头是什么，威廉？

威廉： 一块卵石。

伊文斯： 不，它是 lapis，记牢些才行。

威廉： Lapis。

伊文斯：　这就对了，好威廉。那么，什么东西会借用冠词？

威廉：　冠词是从代词借来的，变格形式如下：单数主格 hic, hæc, hoc。

伊文斯：　主格是 hig, hag, hog，记好了；属格是 hujus。好，宾格是什么呢？

威廉：　宾格是 hinc。

伊文斯：　小家伙记清楚些，宾格是 hung, hang, hog。

快嘴夫人：　“hang-hog”（挂猪肉）就是腊肉的拉丁文吧，我敢肯定！

伊文斯：　你闭嘴吧，婆娘！——呼格是什么，威廉？

威廉：　O！呼格是 O！

伊文斯：　威廉你记牢，呼格是 caret（没有）。

快嘴夫人：　胡萝卜（carrot）可是很不错的根菜啊！

伊文斯：　婆娘，别再打岔了！

佩奇夫人：　安静！

…

快嘴夫人：　教孩子这种“hick”、“hack”（粗话）的词可不妥，他们自己很快就会学会这些的，羞羞你！

伊文斯：　你是疯了吗，婆娘？你不懂变格、数与性的分别吗？你真是我见过最傻的基督徒！

佩奇夫人：　拜托你消停些吧！

伊文斯：　威廉，现在你告诉我代词的变格形式。

威廉：　老师，我给忘了。

伊文斯： 是 qui, quæ, quod；如果你忘了你的 quis, quæs 和 quods，你是要挨打的。去玩吧，走吧。

佩奇夫人： 原来他的学问还比我想的好些呢!

伊文斯： 这孩子记性挺好，再见了，佩奇夫人。

佩奇夫人： 再会了，亲爱的休爵士。

由此看来，莎士比亚少年时代的拉丁文课堂大致也不过如此，只是语气未必如此诙谐。

《儿童格言选》（Sententiæ Pueriles）是一本由众多作家的短句汇编而成的书籍，其中包含许多道德与宗教的箴言，供学生在圣人纪念日时使用。

威廉在文法学校学习的拉丁语语法书，毫无疑问是当时广泛使用的标准教材——莉莉语法（Lilly's Grammar）。此书自 1513 年首次出版，流行甚广，直到 1817 年仍有版本问世，前后延续超过三百年。在《驯悍记》（第一幕第一场第 167 行）中引用了泰伦斯（Terence）戏剧的一段话，所用的正是莉莉语法书中的改编版。

顺便一提，有些人相信莎士比亚的戏剧其实是弗朗西斯·培根（Francis Bacon）所作。然而，我们很难想象，这位圣奥尔本斯（St. Albans）的智者——以其深厚的古典文学功底——竟会从他的旧拉丁语法书中引用泰伦斯的话，而不是直接从那位伟大剧作家的原著里摘录。

在《爱的徒劳》（第四幕第二场第 95 行）中，霍洛弗尼斯（Holofernes）引用了“可敬的老曼图亚人”的诗句，这显然也是莎士比亚对少年时代学过的拉丁文的回忆。这里的“曼图亚人”并不是大家起初以为的维吉尔（Virgil），也不像博学的安德鲁·朗先生（Andrew Lang）在《哈珀杂志》（Harper’s Magazine）1893 年 5 月号的愉快评论中所假定的那样，而是指巴蒂斯塔·曼图亚努斯（Baptista Mantuanus），即乔瓦尼·巴蒂斯塔·斯帕尼奥利（Giovanni Battista Spagnuoli）。他因出生于曼图亚而得名。

曼图亚努斯于 1516 年去世，距莎士比亚出生尚不足五十年。他曾创作一系列牧歌（Eclogues），当时的学究们偏爱他的作品胜于维吉尔的作品，因此在学校里广泛流行。霍洛弗尼斯所引用的诗句，正是曼图亚努斯的第一首牧歌的开篇。

在同一场戏中稍早些时候，这位老学究还引用了莉莉语法书中的句子。他穿插在对话里的其他拉丁语片段，大多几乎完全照搬自《儿童格言选》或同时代类似的拉丁语词句手册。

对英语教育的忽视

当时的斯特拉福文法学校，并未教授英语，而且此后很长一段时间也都是如此。实际上，英语作为正式科目在英国（甚至我们美国）的同类学校受到重视，也只是现代才开始的事。

然而值得一提的是，最早提倡在学校中教授本国语言的英国教育家，是莎士比亚同时代的人。1561 年，理查德·穆尔卡斯特（Richard Mulcaster）出任伦敦商人泰勒学校（Merchant-Taylors School）的首任校长。这所学校刚刚成立不久，是牛津大学圣约翰学院（St. John's College）的预科学校。穆尔卡斯特在 1582 年出版的著作《基础教育》（Elementarie）中，曾呼吁应当教授英语，他这样写道：

“我在本书中，除了对秘书官和印刷校对者有所帮助外，还想指导那些教导孩童读写英文的人，而阅读则必须与写作相辅相成。因此，在我提出任何具体建议之前，为了指导读者，我要彻底弄清我们英文书写的确定性，尽我所能提出一个明确的指导。因为这既是我探讨的主题，也对我的国家极为有益。我们的母语和任何其他语言一样，能够充分满足我们的表达需求，其中也同样蕴含优美精妙的特质，也能够像其他语言那样顺应任何艺术规则。那么，我为何不花些心力，探寻出我们语言的正确书写之道，正如其他国家的人为其语言所做的那样呢？我尤其要这样做，是因为有人认为我们语言的书写极为混乱，难以理清，如果不经过极大的改变，甚至无法纠正。”

“因此，我的目标便是消除这种认为英文书写混乱或无法指导的偏见，让以英语为母语的人有所遵循，让渴望学习的外国人有所依靠。为了达到这一目标，并更好地指导自己，我首先会研究其他语言是如何通过艺术的形式和规则来规范其书写的，从而借鉴他们的方法，或至少受其启发，在我们语言的使用习惯无法完全套用他们规则的地方，也能提出合适的方案。”

“完成上述步骤后，我将以七条规则，把我们当今书写中的种种差异及字母发音的模糊性，厘定出最清晰的标准。”

一、通则：讲解每个字母的用法与性质。

二、类比：同一个发音的词，用统一的方式书写。

三、合成：指导如何将多个单词合并成一个新词。

四、派生：考察每个词的来源和演变。

五、区分：用特定符号或重音，标出字母之间的发音与用法差异。

六、融合：确定外来词的正确书写形式。

七、特例：说明书写中的例外情况，即日常习惯高于一般规则；如若书写更加顺手，或约定俗成，则不必强行遵守统一的法则。

以上七条规则，我将逐一探讨英语自身的特点，让陌生之处不再难解。纵然仍有费解之处，也可从其他更常见、更熟悉的学问中找到对照，帮助理解。

另外，眼见胜过耳闻，尤其对那些难以理解规则的人。因此在本书的结尾，我将附上常见英语词汇总表，使那些无法透彻理解规则的人，也能照着例子书写。通过这个表格，我的规则将更加清晰易懂，大量例子也能更有效地帮助人们掌握规范。

三十年后的1612年，又一位教师约翰·布林斯利继马尔卡斯特之后，呼吁人们重视英语学习。他在《语法学校》中这样写道：

“在我们如今的语法学校中，有一个重大缺陷，许多学者对此深表忧虑：学校并未着力培养学生纯正流畅地使用母语进行表达，英文的实践远不如拉丁语和希腊语得到重视。但我们恰恰应该更重视英语的教学，理由如下：

一、英语是我们所有人日常说话和书写时用得最多的语言。

二、母语的纯正与优雅，关系着我们民族的荣誉，因此我们每个人都有责任让英语更加完美。

三、在校学习的学生中，最终成为专业学者的并不多，更多的是要从事其他行业，因此熟练掌握母语对他们更为实用。”

布林斯利还特别提出了提高英文水平的方法，比如“持续不断地练习英语语法翻译”，以及“进行英文翻译与写作，并结合其他的课堂练习”。

然而，正如我们之前所说，尽管马尔卡斯特与布林斯利努力倡导，英语学校仍旧长期忽视母语教育，近三百年里鲜有人响应他们的呼吁。

莎士比亚时代的校园生活

通过布林斯利的记述，我们得以窥见 1612 年英国语法学校学生的日常情景——这种景象，与莎士比亚童年时代所经历的，并无太大差别。

在“学校作息与课间娱乐”一章中，布林斯利写道：“每日清晨六点，学生便须到校；所有学习拉丁文的学生，需在七点前，完成前一天布置的练习。”为了使学生守时，“凡六点准时到校者，可按照前日考试排名或座次入座；迟于六点者，依到校先后顺序依次就座，当日不得调整，直至通过考试或其他方式重新确定名次。如若仍有人不遵守此规定，则须记入‘黑名单’，并视情节给予处罚，甚至当众惩戒，以儆效尤。”

每日清晨六点开始上课，“直至九点……九点钟之后，学生们至少有一刻钟的休息，用于吃早餐、如厕，或稍作娱乐，也可准备下一节课的内容。课间结束后，一听到敲门或其他信号，须立刻回到座位；如此继续学习，直至十一点或稍晚一点，以补偿九点时课间休息的时间”，也就是说，上午的课程时间将达到整整五小时。

午后的作息如下：“午后一时，学生须立即到位上课；持续至三点或稍迟半小时，再给学生至少一刻钟休息，以便饮水或解决必要需求。课间过后继续上课，直至五点半左右，以补足三点休息所占用的时间；最后朗诵一小段圣经章节，再合唱两节赞美诗，随后由老师带领祷告结束当天课程。”

照此安排，一天下来，学生实际在校时间约十个小时，且不包括九点和三点两次短暂休息，以及中午一个多小时的午餐时间。

当时曾有人质疑上午九点与下午三点的课间休息，认为这段时间“学生只顾玩耍”，但布林斯利坚持，适当休息有利于提高学习效率。他还说：“每周还应专门安排某个下午，作为对学生勤奋、守纪与学习进步的奖励，专用于娱乐活动。这可依传统选在星期四，或由教师酌情选择合适的时机。”

此外，学生们的娱乐和运动，也须精心监管：“凡粗俗、危险或涉及赌钱的游戏，一律禁止。”

关于入学年龄，布林斯利则写道：“在乡村学校，一般七、

埃文河畔漫步

八岁入学较为合适；六岁略嫌过早。若有孩子这么早被送进学校，多半只是为了防止在家淘气捣蛋或出意外，而非真正期待他们在学业上有所进展。”

正如前文所述，莎士比亚在斯特拉福学校的入学年龄便是七岁。

学校风气

那个年代的学生，似乎与今天的孩子们也没多大差别。有时他们也会逃学。《亨利四世》（上篇，第二幕第四场 450 行）中，福斯塔夫问道：“难道上天赐予的太阳，也会学那逃学小子去偷吃黑莓吗？”其中“逃学小子”一词（micher, meacher 或 moocher），现已废用，但逃学现象却一直延续下来；当时一本方言辞典中对这一词汇的定义是：“Moocher，即逃学者，尤指逃学去采黑莓的孩子。”

当年，学生们为了逃避惩罚，也常常使用今日学校中并不陌生的手法。一些认真完成作业的学生，会偷偷给那些不那么用功的同学“提示”答案，以蒙混过关。

其中一名叫威利斯的学生，与莎士比亚同年出生。他在后来写下的一本至今仍保存完好的日记中，记录了自己的学生时代。他讲到，自己过去经常靠别人“提示”来完成功课；有一次却因在外玩耍与高年级的一名学生起了冲突，那位同学便不再帮助他了。他原以为自己必定挨打，却在惊慌之中振作起来，竟将功课背诵得十分顺畅。他事后感慨道：“原本同学存心害我，未曾料到，反而成就了我。”

莎士比亚本人是否喜欢上学，我们不得而知；但从他对学校与学生时代的描述来看，似乎并不太享受。比如在《皆大欢喜》（第二幕第七场 145 行）中，有这样一幅令人熟悉的场景：

满脸晨光的孩童，肩上背着书包，

蜗牛般一步一步，哭丧着脸去上学。

又如在《罗密欧与朱丽叶》（第二幕第一场 156 行）中，他意味深长地写道：

爱情奔向爱情，如同学童逃离课本；

爱情离开爱情，便如学生面带愁容返校。

《驯悍记》（第三幕第二场 149 行）中，格雷米奥被问及是否刚从教堂归来时，他答道：“正如我从学校出来一般欢喜。”

学校的管教制度

说起来，当时的老师似乎很难让学生日后对他们怀有美好记忆。从阿斯卡姆、皮彻姆等十六世纪作家的记述中，都可以看出当时学校管教极为严厉。

托马斯·塔瑟曾写诗回忆他在伊顿公学的经历，这段诗后来经常被人引用：

我从圣保罗学校被送到伊顿，

去学那晦涩艰深的拉丁文。

才刚到校门口，

便受了五十三鞭——

没犯大错，甚至没错也难逃一顿。

乌德尔啊乌德尔，

看看你对我这个可怜孩子多仁慈!

诗中提到的尼古拉斯·乌德尔，便是当时伊顿的校长。

皮彻姆记载，有位老师喜欢在冬天清晨鞭打学生，原因只是为了“给自己暖暖身子”。当然，学生们被打之后可能也热了不少，只是没人喜欢这种暖身方式。

当时的一些语法书封面上，还绘有这样一个意味深长的木刻插图：一位令人恐惧的教师坐在高椅上，右手指着书本，左手则高举着一根巨大的教鞭。相较之下，莉莉语法书的封面倒是有些特别：那是一棵硕果累累的大树，小男孩们正爬上树枝摘果子。但愿孩子们看到这幅图时，想到的不是偷摘苹果，而是从知识之树上采撷丰富的果实。

西德尼·李先生提到：“有一部大约写于 1560 年的喜剧小品，名为《忤逆的孩子》，由剑桥学生托马斯·英格兰所作，其中生动描绘了学校对敏感孩童的可怕印象。剧中，一个孩子苦苦哀求父亲不要强迫他去上学，并讲述了同伴们在学校里的遭遇：

他们柔嫩的身躯日日夜夜，

遭受鞭笞抽打，宛如敲打石头一般，

从头到脚，皮开肉绽。”

另一则故事还提到，一位学生竟被他“残忍的教师”活活折磨至死。而其他的一些记载也表明，这位剧作家的描述并非夸张太多。

不过，我们宁愿相信斯特拉福镇上的亨特老师更温和些。莎士比亚塑造的霍洛弗尼斯显然对学生颇为友善，还曾被学生家长请去家中用餐；而《温莎的风流妇人》中的伊文思爵士，考核威廉·佩奇时，言语之间也带着几分慈爱。值得注意的是，莎士比亚笔下虽屡屡提及学校生活，却很少描写学生挨打的场景。

事实上，在同时代的人中，罗杰·阿斯卡姆便倡导比当时更温和的教育方式。他的名著《学校教师》一书，就源于他对此问题的关注。

1563 年，当时担任伊丽莎白女王拉丁语秘书的阿斯卡姆，有一次与威廉·塞西尔爵士（后来成为伯利勋爵）共进晚餐。席间谈到伊顿公学因体罚过于严厉，导致一些学生逃学的消息。阿斯卡姆指出，孩童求学时，应当以爱引导，而不应依靠棍棒恐吓。当时托马斯·萨克维尔的父亲理查德·萨克维尔爵士，席间一言未发，事后却单独找到阿斯卡姆，表达自己十分赞同这一看法，并坦言自己小时候曾深受严师之害。他对阿斯卡姆说（此话收录于《学校教师》序言）：

“‘既然过去的事已无法挽回，便应当着眼于未来。若老天恩赐我长寿，我定将自己的不幸转为孙儿罗伯特·萨克维尔的福祉。他的教育问题，我真诚希望能够请你指教。据说你有个儿子与我孙儿年纪相仿（阿斯卡姆当时有三个小儿子），不如我们这样安排：你来选位老师，同时教授我孙儿和你的孩子；至于其他一切开销都由我承担，即便每年花费两百英镑也在所不惜。此外，我亦将始终如一地帮助你和你的家人。' 这位高贵的先生一直坚守着这项承诺，直至他离世。"

这番谈话结束时，萨克维尔爵士恳请阿斯卡姆："请你把今日我们讨论的关于教育与德行培养的要点记录下来，以便为后人提供教养孩童与年轻人的准则。"

于是，阿斯卡姆写下了《学校教师》一书。这本书于 1570 年 (阿斯卡姆去世两年后) 由他的遗孀整理出版，并献给威廉·塞西尔爵士。

书中开篇处，阿斯卡姆提到拉丁文写作训练时说道："学生常因作文不好而挨打，但事实上，老师更该因修改不当甚至越改越差而挨罚，因为很多时候，老师和学生一样，不懂如何恰当地表达意思。"

他又说："我赞同所有好教师的观点：孩子们应培养出良好的学识与端正的品行，错误必须改正，坏习惯必须严加纠正；但在实现这些目标的方法上，我们略有不同。因为大多数老师——我亲眼所见不少，耳闻更多——性情乖张，遇到领悟慢的学生，不是耐心引导，而是急于摧毁他们。他们心情不好时，会更加肆意责罚学生；明明自己犯了错，却因情绪需要拿学生出气。你也许会说，这样的教师不过是愚昧之辈，实属少见。的确愚昧，但这样的人却实在不少。甚至那些自诩为'智慧严师'的人，也常常惩罚的不是错误，而是学生的天性；悟性高的学生总能很快掌握功课，资质较差的则反应迟缓，前者总受称赞，后者则遭受惩罚。而真正聪明的老师，应当耐心考察每个学生的不同性情，不能只看眼前表现，而应关注他们未来的可能性。因为我通过多年阅读与世事历练发现，那些老来最有智慧、最博学且品德最优的人，年少时往往并非天资过人之辈。”

阿斯卡姆还指出，普遍的体罚教育，结果往往是学生“带着对教师的永远厌恶与对学问的深深轻蔑，离开学校”。他补充道：“如果问十个贵族青年，为何在宫廷中很快忘记了在学校学了多年的知识，我敢肯定，其中八个都会抱怨昔日老师的粗暴管教。”他的结论是：“学习应当靠爱而非恐惧；学校应成为孩童躲避恐惧的庇护所。”

不过，就像莫卡斯特与布林斯利一样，阿斯卡姆的教育理念远远领先于时代；而且恐怕当时的教师对他这些睿智的忠告，未必比对前两位所主张的英语教学更加欢迎。

莎士比亚离校之时

威廉在文法学校具体读了多少年，我们不得而知，但恐怕不会超过六年，也就是他十三岁左右。1577 年，他父亲的生意渐渐走向衰败，家境转差，很可能迫使他提前离开学校，去谋求生计。

正如本·琼森所言，莎士比亚的“拉丁文程度平平，希腊文则更是所知无几”，很可能根本就不懂希腊文。这大概就是因为他过早离开了文法学校。然而，无论如何，可以相当肯定的是，他所有正式的学校教育，就是在斯特拉福文法学校完成的。

第 IV 部分

游戏与娱乐

少年游戏

幼年威廉在亨利街的日子或许略显沉闷，文法学校的课业也未免枯燥无味，然而一出户外，满目生机，自是游乐无穷。那时的居家之乐虽寥寥无几，然而节庆频繁，乡野之中少年游戏琳琅纷呈，老少咸宜。可以想见，莎士比亚少年时代自会将这无尽欢娱尽情领略。日后他在剧作中数度描摹的种种游戏场景，想必多源自童年亲历，念念不忘。

他笔下描绘的游戏，至今亦不陌生，尤其于乡村孩童中仍颇为流行。例如捉迷藏，又名“躲圈”（hoop-and-hide）或“追逐嬉戏”（harry-racket），《哈姆雷特》中便曾借此情景戏谑道：“狐狸，藏好了，我这就来了！”（第四幕第二场）。而“盲人摸象”亦在剧中屡屡现身，哈姆雷特责问其母何以背弃亡父、钟情于叔父时，即曰：

究竟何方鬼魅，

蒙你眼目，诱你神魂？

莎士比亚时代有字典载：“此游戏曰‘蒙巾盲’，或称‘盲人摸索’，俗谓之 Blindman-buff。”哈姆雷特之诘责，便影射此游戏中之规矩：被蒙眼之人须猜出所捕何人，此规矩亦曾盛行于古希腊、罗马之孩童游戏中。

掘墓人一幕（第五幕第一场），哈姆雷特复问曰：“难道这些枯骨生前所费培育之功，便只为让人玩弄‘掷木戏’（loggats）不成？”所谓掷木戏，乃彼时流行一种娱乐方式，游戏之人掷出一枚小木棒（loggats 或 loggets），类似今日“回力棒”，以最接近标杆者为胜。

一首作于 1611 年之诗篇中，亦曾列举当时众多仍流行于世之游戏，其中便提及“掷木”之戏：

摔跤、击球，少年纵情角逐；

掷棒、射击，壮士力试高低；

投木较准，九洞十柱对弈；

或竞技足球，疾奔力踢相逐。

击凳球（Stool-ball），这一游戏至今仍在英国乡间流行，多

捉迷藏游戏

为女子所好，亦常与男子同乐。击凳球历史悠久，比今日之板球更为古老，然玩法却轻巧活泼不少。

“投铁棒”（Pitching the bar），则是一项注重体魄强健的运动，至今在苏格兰仍然常见。司各特在其《湖上夫人》(The Lady of the Lake）中便曾吟咏道：

倘若你敢动她分毫，

我便将你抛离崖上，

远过农夫投铁棒时的距离！

而于斯特灵堡竞技的场景中，他亦再次描绘：

雄壮汉子裸露双臂，

将沉重铁棒抛向天际。

十六世纪的诗人更曾言道：“投掷巨石、铁棒与铅锤，皆是帝王贵胄推崇的体育之道。” 据编年史记载，亨利八世登基之后，对此项运动亦尤为钟爱。

“九孔球”（Nine-holes），即在木板或地面凿出九个小孔，参赛者将小球滚入孔中，以准头决胜负。英国诗人德雷顿(Drayton)便曾在《大不列颂》（Poly-Olbion）中将此游戏列于众多乡间运动之列。

伊丽莎白时代的球类游戏更是五花八门，除前述击凳球外，另有最简单的手球游戏——荷马史诗中便曾描述科西拉的公主与侍女嬉戏的场景。复杂些的球类游戏亦不少，其中某些游戏中已能窥见后来“绕圈击球”（rounders）的雏形，而今日美国盛行的棒球（base-ball）正是由此逐渐演变而成。

“垒”（Base）这一名词，表示起点或目标，在球类游戏之外的其他娱乐活动中也屡见不鲜。其中最为著名的莫过于“囚徒争垒”（prisoners' base，又称“囚徒争界”或“监狱界限”），早在莎士比亚诞生前便已盛行。游戏双方各占一垒，参赛者从自家出发时，会被对方追逐；若被捕获，则沦为“囚徒”。此类追逐竞技的游戏种类繁多，其中最流行的一种名曰“闯麦垛”（barley-break）。

最初，“闯麦垛”由男女各三对参与，一对位于两个垒之间的空地中（称之为“地狱”），以捕捉奔跑而过的其他情侣为乐。菲利普·西德尼爵士（Sir Philip Sidney）在《阿卡迪亚》（Arcadia）中对此描绘道：

三对伙伴占据其位，

两边成对，中间追随；

中央地狱，目光如炬，

翘首以待，逐人入狱，

直到人人尽数囚禁。

稍后，此游戏发展为不限人数与性别，起始只有一人在“地狱”之中，其余四散逃逸，被逐一捕获者亦送往此“炼狱”，直至全员皆被捕获方告终止。半个世纪前，在美国马萨诸塞州东部，这一游戏被当地学童称为“Lill-lill”，游戏开始之时，便以此高喊为信号。

在莎士比亚所处时代，“闯麦垛”这一游戏为众多剧作家、诗人屡次提及，萨克林（Suckling）与赫里克（Herrick）等人甚至专门为之作诗讴歌。莎士比亚本人虽未曾直接提及“闯麦垛”，但对“囚徒争垒”却曾屡屡提到。《辛白林》（Cymbeline）剧中便有如此描述：

少年更乐于追逐奔跑，

争抢垒位，而非厮杀血腥。

“争垒”（bid a base），或称“逐垒”，本是发出挑战的一句俗语，不仅在游戏中广泛使用，也经常被诗人们借以表达譬喻之意。莎士比亚在《维纳斯与阿多尼斯》（Venus and Adonis）一诗中，以此生动描绘骏马的奔腾英姿，笔墨间洋溢着对良驹的钟爱：

忽而驰骋远处，伫足凝望；

转瞬惊起，只为羽毛轻扬；

而今他仿佛挑战疾风飞翔，

疾驰若飞，人皆莫辨方向；

狂风穿梭鬃尾之间，长嘶激荡，

飘扬毛发，宛若羽翼翩翔。

《维洛那二绅士》（Two Gentlemen of Verona）中，露塞塔（Lucetta）亦以双关戏语对朱莉娅（Julia）道：“实在是我替普洛透斯（Proteus）发起了挑战。”

德雷顿（Drayton）在《大不列颂》（Poly-Olbion）中，也将此游戏与前文所述并列：“蒙眼追逐、闯麦垛、追逐触碰与逐垒之乐”；斯宾塞（Spenser）则于《牧人月历》（Shepherd's Calendar）十月篇中，将其列为乡间娱乐之一：“于诗韵中、谜语里，竞相邀约逐垒忙。”

莎翁在《错误的喜剧》（Comedy of Errors）第二幕中亦言及足球运动，当以弗所的德洛米奥（Dromio）遭到主人亚德里亚娜（Adriana）斥责时，委屈诉道：

我难道圆滚如你，

才被你如足球一般踢来踢去？

被你踢走，又被他踢回；

若再如此，

你不妨给我一层皮革护体。

《李尔王》（King Lear）第一幕中，奥斯华德（Oswald）面对肯特（Kent）的攻击，申辩道：“大人，休要打我！”肯特反唇相讥：“也不准绊倒你？你这个卑贱的足球玩家！”

足球这一游戏早在爱德华三世统治时期，便已在英国平民之中广为流行。1349 年，王室曾颁令禁止此项运动，倒非厌恶足球本身，只因其妨碍了全民练习射箭。

而古往今来的足球，皆不失激烈粗犷。亚历山大·巴克莱（Alexander Barclay，卒于 1552 年）便在其牧歌中吟道：

壮健农夫，强悍勇猛，

寒冬时节踢球取胜；

全然忘记劳作辛劳，

哪管摔跌，何顾跌伤。

十七世纪的埃德蒙·沃勒（Edmund Waller）亦赋诗感叹：

当壮健牧人纷纷聚拢，

较量于球场之上，

争胜心切，碰撞激烈，

胸膛相抵，

堪称玩笑亦觉太过粗暴。

英王詹姆斯一世在《王室格言》（Basilicon）中，特为威尔士亲王亨利（Henry, Prince of Wales）立规谏言道：

“诚然，体格锻炼与娱乐游戏，不仅可驱赶懒散——万恶之源，更可强健体魄，使君主能应付繁重之责。然宫廷之中，我禁绝一切粗暴危险之娱，如足球之类，伤身甚于强体；亦禁绝供戏子与舞者营生之翻滚技艺。我所推崇之娱乐虽须适度，不得过于沉迷，却可适量参与奔跑、跳跃、摔跤、剑术、舞蹈，亦或网球、射箭、槌球等文雅怡情的田园活动。”

伯顿（Burton）在1660年出版的《忧郁的解剖》（Anatomy of Melancholy）中，将足球列于“乡村民众常见娱乐”之列，而非贵族阶级所好。

莎士比亚在《罗密欧与朱丽叶》（Romeo and Juliet）中，也以一句“倘若你陷入泥沼（Dun），我们必将把你拉出”，隐喻当时乡野间流行已久的趣味游戏。数百年来，无数作家皆曾以此字面或隐喻方式提及，足见此游戏在当时之风靡程度。

乔叟在《坎特伯雷故事集》中便有记载：

店主人开始玩笑取乐，

言道：诸位先生，瞧啊，

邓马陷进了泥沼中。

三百余年后，主教巴特勒（Bishop Butler）仍言：“他们打算将改革一事，搁置如邓马泥中。”

1816年，吉福德（Gifford）在注解本·琼森（Ben Jonson）的《圣诞假面剧》（Masque of Christmas）时，更自言“我也常玩此游戏。”他详细描述道：一段名为“车马邓恩”的木头被置于屋子中央，有人高呼：“邓恩陷入泥中了！”随即，两人装模作样，以绳索拉拽，却故意拖之不动，遂喊他人帮忙。众人接踵而至，装作笨手笨脚试图拖出木头，却又往往趁机将木段故意掉落在伙伴的脚趾上，引发阵阵欢笑。

如此简单的游戏，竟能一代代在英国流行不衰，更令参与者多年后仍津津乐道，实在令人称奇。由此可见，我们远祖的趣味着实质朴易悦。

《安东尼与克莉奥佩特拉》（Antony and Cleopatra）第三幕中，又提及另一个同样简单的游戏——虽说简易得几乎不值一提。安东尼言道：

权威自我身消散，

如今我呼喝一声‘喂！’

国王们便如孩童争抢钱币，

慌忙应道：‘你有何吩咐？’

所谓“争抢”（muss），无非是将小钱或零碎之物随手抛下，让众人哄抢之举。本·琼森在《磁性夫人》（The Magnetic Lady, iv.1）中写道：

钱币不再叮当作响，

未曾抛撒地上，

引发求爱者的争抢纷乱。

同样，在本·琼森的《巴塞洛缪集市》（Bartholomew Fair, iv.1）中，当水果贩子的梨筐倾覆时，科克斯急忙大喊："嘿！快抢啊！快抢啊！"

德莱顿（Dryden）在《寡妇朗特》（Widow Ranter）的序幕中也写道：

饰物与帽子才刚抛下，

半个小镇的人就蜂拥争抢。

现代英语中表示混乱的口语用法（muss）便源于此。

"猜左右手"（Handy-dandy）是一种童年游戏，玩法是将小物件握于掌中，双手快速交换，让他人猜测物件藏于哪只手中。莎士比亚在《李尔王》（King Lear，iv.6）中借此言道：

瞧瞧那判官如何斥责小偷；

且听我说，二人互换位置——

看吧猜吧，猜猜谁是判官，

谁又是小偷？

此游戏历史悠久，甚至可追溯到古希腊时代，亚里士多德、柏拉图等皆有记载。

《仲夏夜之梦》中，仙后提泰妮娅（Titania）因与奥布朗（Oberon）争吵而悲叹：

九子棋盘尽被泥沙填满，

翠绿草坪上的曲径迷宫，

因无人踏足而模糊难辨。

“九子棋”（nine men's morris）是华威郡传统游戏，直至今日，当地乡间仍不乏爱好者。棋盘由三个正方形彼此相套组成，方格之间用线条相连，每位对弈者各持九枚棋子，玩法与跳棋略有相似。

乡间，棋盘通常直接刻划在草地之上，最大方格每边长达三四码；城镇里则用粉笔在地面绘制；室内则另备棋盘以供游戏。

1520 年的一幅木刻插图中，就已描绘两只猴子对弈此棋，此游戏亦称作“九子梅里尔棋”（nine men's merrils），“梅里尔”一词即源于法语“merelles”，意指棋子或筹码。

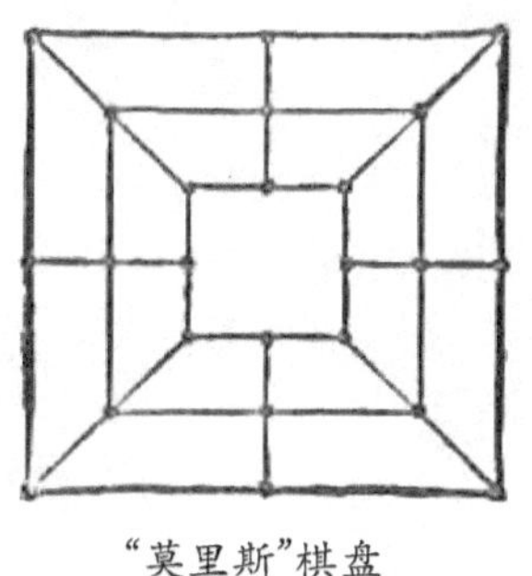

“莫里斯”棋盘

提泰妮娅口中所言“曲径迷宫”，据英国权威学者考证，指的是一种名为“8 字迷宫”的游戏。

莎士比亚时代的其他童年游戏不胜枚举，即使仅从他的作品中列举，也多得难以言尽，更遑论还有那些广受孩童喜爱的游戏：跳背、滚铁环、板羽球、跷跷板（又名“骑野马”）、抽陀螺等等。

伦敦商人泰勒学校的校长马尔卡斯特（Mulcaster，参见前文第 106 页）在其 1581 年出版的一部书中，曾列举适合少年们的运动：“室内则有舞蹈、摔跤、击剑与抽陀螺；户外则是徒步、奔跑、跳跃、游泳、骑马、狩猎、射箭，以及各种球类游戏——

手球、网球、足球、臂球。”少年莎士比亚必定亲历过这些活动，其中自然包括在埃文河中畅泳。

游泳与垂钓

在《暴风雨》（The Tempest，ii.1）中对斐迪南泅水的生动描绘，必定出自一位精通此道的高手之笔：

我曾目睹他搏击波涛，
勇敢地骑乘浪花之背；
他踏波前行，将恶浪
轻蔑地抛于身后，
用坚实的胸膛迎击最汹涌的浪潮；
他昂首高过纷争的波峰，
双臂奋力划水如桨，
朝海岸游去，海岸也似垂首相迎，
欲将疲惫的他温柔接纳。
我坚信他终能安然上岸。

莎翁其他剧作中也多次提及游泳，足证他对此项运动之熟悉。《麦克白》（Macbeth，i.2）中便言道：

有如两名精疲力竭的泳者，
紧紧相拥，
反令技艺窒息无用。

在《尤利乌斯·凯撒》（Julius Caesar，i.2）中，凯撒与卡修斯的游泳竞赛更是栩栩如生、令人神往。卡修斯向布鲁图斯讲述道：

我们二人不逊凯撒，
同样能耐严冬寒意。
曾记否，那风寒日暮之际，
狂怒的台伯河拍打着两岸，
凯撒忽然对我道："卡修斯，
敢不敢与我一道跃入激流，
游至彼岸？"
我话音未落，戎装未卸，
便纵身跃入河中，
招呼他随后跟进，他亦奋然随我；
河水怒吼，我们以矫健臂膀
与湍急的激流拼搏，奋力前行。
不料尚未抵达终点，凯撒却惊叫道：
"快救我，卡修斯！我要沉下去了！"
我遂如伟大的先祖埃涅阿斯，
肩扛老父安基塞斯逃离特洛伊火海般，
背负着疲惫不堪的凯撒，
从台伯河的波涛中将他营救。

威廉当然也常在埃文河畔垂钓，他必定深谙《无事生非》(Much Ado About Nothing，iii.1) 中乌苏拉所言的妙趣：

最惬意的垂钓，莫过于

看鱼儿用金色的鳍

划破银亮溪水，

贪婪地吞下

那欺骗性的鱼饵。

斗熊戏

莎士比亚少年时代必然也常目睹斗熊的残酷表演，因为从王公贵族到平民百姓，无不为此倾倒。伊丽莎白女王对此情有独钟，她的姐姐玛丽女王亦然。1575 年，女王莅临肯尼尔沃思宫时，盛大的“御前娱乐”之一便是斗熊表演，十三头巨熊被凶猛猎犬轮番袭击。

另有一次，伊丽莎白设宴款待法国使臣后，又以斗牛斗熊相娱，自午后直至晚六时，她一直兴致勃勃地观看。翌日，法方使臣再度观赏类似的表演。数年之后，一位丹麦使臣在格林威治拜见女王时，同样被安排观看了斗熊与“其他欢乐嬉戏”，正如当时的编年史所记载的那样。

伊丽莎白女王虽酷爱戏剧，却不容戏剧妨碍她钟爱的斗兽之娱。1591 年，她颁布诏令，禁止在周四演出戏剧，因为斗熊与类似的残酷娱乐传统上多在此日举行。紧随其后，伦敦市长亦发布类似禁令，并抱怨道：“许多地方，演员纷纷表演戏剧，严重损害乃至毁坏了斗熊等游戏——而此类游戏，原本是为博取女王陛下欢心而设。”

埃文河垂钓

神职人员似乎也与他们的教区信徒一样热衷于这种残酷的娱乐。1572 年，托马斯·卡特赖特在著作中描述道：“倘若下午有斗熊或斗牛的场面，或者有猴子骑马取乐，教士便会匆匆敷衍地结束布道，以便及时赶往观看。”

史料记载，柴郡某处小镇，“镇上用于斗兽的熊死去之后，1601 年当地官员下令卖掉教堂的圣经，以购买新的熊来供娱乐。”另有地方在举办节庆活动时缺少斗熊，为筹钱购买，教堂司事甚至将礼拜堂讲坛上的圣经典当掉，以延续这一“源远流长”的游戏。

莎士比亚剧作中屡屡提及斗熊。《第十二夜》（第一幕第三场）中，安德鲁爵士曾言：“我真希望当初花在击剑、跳舞和斗熊上的时间，都用来学习外语！唉，若我当年专心文艺，该多好！”同一剧中，费边提及马伏里奥时对托比爵士说：“你知道，他让我因为斗熊的事而失了夫人的欢心。”托比爵士则回道：“为了惹恼他，我们还得再把那只熊带回来。”此外，剧中奥丽维娅对女扮男装的薇奥拉也用了斗熊作比喻：“莫非你将我的荣誉绑在桩上，用那暴虐之心所有肆意奔放的念头来撕咬？”

在《亨利六世·下篇》（第五幕第一场），约克公爵向克利福德发话时，也用斗熊作喻：“把我那两只威猛的熊叫到斗场来！只要它们一抖响链条，那些凶恶潜伏的恶犬便会魂飞魄散。叫索尔兹伯里与华威克快来我身边。”

《温莎的风流妇人》（第一幕第一场）中，斯兰德与安妮·佩奇的一段诙谐对话，也值得一提：

斯兰德："你的狗为何狂吠不止？难道城里来了熊？"

安妮："恐怕是的，先生，我听别人议论过。"

斯兰德："我极爱斗熊之戏；但若真打起来，我争得也不输英格兰任何一人。要是你见了逃出来的熊，一定害怕吧？"

安妮："的确是，先生。"

斯兰德："可对我而言，那不过家常便饭罢了。我曾二十次亲见'萨克森'挣脱了束缚，亲手抓住它的链条；不过你知道，女人们见此情景总要惊声尖叫，乱作一团，简直无法形容。不过，女人确实受不了这些大家伙，长得实在粗野难看。"

"萨克森"是伦敦泰晤士河南岸巴黎花园中一只著名的熊，此处距离环球剧场并不远。当时一首古老的短诗亦提及此处和那头熊："学法律的帕布柳斯如今来到巴黎花园，把普罗登、戴尔与布鲁克这些法律名著都弃置一旁，只为亲眼看看老哈里·汉克斯与萨克森。"

斗熊时，熊若挣脱控制，便成大患。一则 1554 年的日记记载道：泰晤士河南岸一次斗熊活动中，"那只大而目盲的熊挣脱了束缚，奔逃之际咬住了一位侍从的小腿，活生生咬下一大块肉来，以致那人三天之内便死去了。"

詹姆士一世禁止在周日举办斗兽活动，却并未完全取缔此项娱乐。直至英国内战期间，巴黎花园方才关闭，斗熊之戏遭到禁止，熊也被杀死。但王政复辟后，此项游戏又重新兴起，并延续至下一个世纪初。1802 年，议会试图彻底禁止斗兽，然而下议院以十三票之差未能通过此法案。直至 1835 年，议会才最终颁布法令，正式终止此类残忍的娱乐，禁止“设立任何房屋、坑场或其他地点，用于斗牛、斗熊、斗狗或其他动物搏斗之用。”

伦敦斗熊场

斗鸡与掷鸡游戏

斗鸡是另一种流行于英国的残酷娱乐，其历史悠久。早在

1191年去世的菲茨·斯蒂芬便记载道："每年忏悔星期二，伦敦的学生都会带着公鸡来到学校，整个上午都沉浸于斗鸡的狂欢之中。"直到16世纪，圣保罗学校的创办人科利特院长才明确反对此项娱乐。

1513年，诺丁汉文法学校的女创始人只勉强将这项运动限制为"一年仅两次"。

在苏格兰，斗鸡作为学校的娱乐活动一直延续到18世纪中期，届时学生们还须向教师缴纳一笔名为"斗鸡钱"的费用。直至1790年，在罗斯郡的阿普尔克罗斯，"斗鸡费"仍然是教师收入的一部分。

莎士比亚在作品中对斗鸡只有寥寥数笔的提及。《安东尼与克莉奥佩特拉》（第二幕第三场）中，安东尼对屋大维评价道：

他的斗鸡总能战胜我的公鸡，

即使毫无胜算时也依旧如此；

而他的鹌鹑被圈困之际，

仍能以劣势将我的鹌鹑击败。

约翰逊博士在注解中写道："古人斗鹌鹑，就如我们斗鸡一般。"鹌鹑被限制在圈内以保证对决，某些学者则认为，被驱出圈外者即为败方。

《哈姆雷特》中，王子弥留之际说道：

噢，赫瑞修，我将死去；

剧毒已彻底将我击败！

此处"击败"（o'er-crow）即如斗鸡中胜者向败者昂首高鸣

一般。

而在《驯悍记》（第二幕第一场），凯瑟丽娜对彼特鲁乔说道：“你鸣叫的声音，好似一只怯懦的败鸡。” 此处“败鸡”（craven）原意指在决斗中畏缩的骑士，后来多用于形容斗败或胆怯的公鸡。

当时另一种颇受欢迎的娱乐，尤其在孩童之间，便是“掷鸡”。这种游戏中，公鸡被绑在木桩上，人们用棍棒将其击毙。这种残忍的活动可追溯到 14 世纪，不到一百年前的英国依然可见，而这种玩法据称乃英国特有。

16 世纪时，托马斯·莫尔爵士还自述儿时曾擅长掷“斗鸡棒”（cock-stele，即用于掷鸡的短棍），而这种娱乐尤以忏悔星期二最为盛行。

在某些地区，公鸡被置于特制的陶罐中，仅露出头和尾巴，再将罐子高悬于街道上空十二至十四英尺处。孩童轮流掷击陶罐，谁将罐子击碎、解救出鸡，谁便获得这只鸡作为奖励。

在莎士比亚时代，一种流行的迷信认为公鸡乃魔鬼的使者，此说源于彼得三次否认主之后鸡鸣的典故。有些神职人员甚至以此为借口，乐于参与掷鸡活动。

然而，莎士比亚并未在作品中附和这种庸俗迷信。相反，他在《哈姆雷特》（第一幕第一场）以美妙的笔触，将公鸡与圣诞时节的祥和与希望联系在一起：

有人说，每逢那欢庆时节来临，

迎接我们救世主诞生的良辰，

黎明之鸟整夜欢唱不停。

那时刻，邪灵便不得徘徊，

夜晚安宁，无凶星作祟，

精灵不戏弄，女巫失效力；

如此神圣恩典，福泽遍洒人间。

其他娱乐

在《亨利四世（下）》第一幕第二场中，当首席大法官向福斯塔夫道别时说道：“告辞了，替我问候威斯特摩兰表亲。”这位臃肿的骑士却喃喃自语道：“若我果真照办，便请用三人之捶将我弹飞。”这“三人捶”原是华威郡少年间流行的一种残忍游戏：将癞蛤蟆放置木板一端，以重锤猛击另一端，使可怜生灵飞向半空，称作“弹蛤蟆”。“三人捶”则是用于打桩的巨型重锤，须三人合力方能举起，用来形容抛掷福斯塔夫这般庞大身躯所需之力。

在《温莎的风流妇人》（第五幕第一场），福斯塔夫挨了福特一顿痛殴后，不禁抱怨：“自从拔鹅毛、逃学、抽陀螺的童年之后，我还未尝过如此狠厉的鞭打。”莎士比亚时代的孩童，常将活拔鹅毛当作寻欢取乐之举。即便偶尔遭到责罚，也多半只因损坏财物所致。当成人尚沉迷于斗熊斗鸡这类野蛮消遣，孩子们折磨禽畜，亦仅因触及财产才被惩治。

至于少年莎士比亚本人是否曾参与过这些残忍游戏，我们虽无从得知，但可明确的是，成年之后的他深刻体悟到这类行径的可憎，并屡屡于笔端加以讽刺与谴责。

在《李尔王》（第四幕第一场）中，格罗斯特悲愤长叹：

我们于诸神之手，

犹如苍蝇于顽童掌中，

任凭他们肆意戏弄残害。

同剧中，科黛丽娅提及戈纳瑞尔将老父赶入风暴的狠毒行径时亦道：

纵是仇人的恶犬，

曾将我咬伤，

我也会容它在寒夜炉前栖身。

甚至微小如昆虫的痛楚，亦牵动诗人的慈悲之心。《一报还一报》（第三幕第一场）中，伊莎贝拉对兄长低语：

你当真无惧死亡？

死亡的真谛乃恐惧本身；

而那甲虫微小的身躯，

被我们无心践踏之时，

所经受的苦痛，

犹如巨人生命消逝。

在《皆大欢喜》（第二幕第一场），被流放的公爵伫立阿登森林，哀叹为果腹而猎杀无辜的生灵：

公爵：

来吧，我们去猎取鹿肉；

然而令我于心不忍——
那些斑斓愚痴的生灵,
原本自在于此荒林之城,
却要在自家园圃之内,
任利箭贯穿身躯,
被鲜血染红。

第一领主:
大人, 确是如此,
忧郁的杰奎斯也为此深悲,
他甚至控诉您的行径,
胜过您那驱逐您的兄长。
今日, 我与亚眠斯伯爵二人,
隐隐跟随杰奎斯至溪畔;
他斜卧于古橡之下,
树根如苍老的手指探入清流。
一头逃过猎人毒箭的可怜牡鹿,
踉跄而至, 哀吟不已,
它沉重的呻吟几乎胀破皮囊;
大颗的泪珠自无辜的鼻端滚落,
在忧郁杰奎斯凝视之下,
站于湍急溪流的边缘,
任悲泪与溪水交融。

公爵和领主对野鹿的悲悯出于真情，但杰奎斯的怜悯则更多是矫情做作。莎士比亚本人的情感，想必更接近于公爵的真挚。

在同一剧作（第一幕第二场）中，莎士比亚亦借哲人小丑试金石之口，嘲弄那些以粗暴为乐的世俗之人。侍臣勒伯本是个心地善良之人，他对罗瑟琳和西莉亚说："你们刚刚错过了一场精彩的娱乐——一场激烈的摔跤比赛！"两位女士请他详细讲述，他便说道：

"有位老人带着三个儿子前来应战，个个健壮俊秀；长子首先与公爵的勇士查尔斯交手，不料顷刻间便被摔倒，三根肋骨齐断，生死未卜；二子、三子亦相继败北。如今他们躺在那里，可怜的老父亲正为他们哀恸欲绝，全场观众亦陪着他黯然神伤。"

罗瑟琳："哎呀！"

试金石："先生，那么女士们错过的精彩好戏究竟是何物？"

勒伯："便是我方才所述之事。"

试金石："看来世人真是日日增长智慧！摔断肋骨竟成了女士们欣赏的好戏，这还是我头一次听说。"

西莉亚："我也一样，闻所未闻。"

而摔跤之类的体力较量，在伊丽莎白时代的乡村青年中广为盛行，那些年幼孩童，自然也趋之若鹜，争相效仿。

射箭

射箭之艺，于莎士比亚时代极受世人追捧，不论老幼，无不钟情于此。即便火药面世多年，弓箭在战争中依然占据重要地位。1572 年，伊丽莎白女王曾允诺法国国王查理九世，派遣六千兵士助战，其中弓箭手便占据半数。拉尔夫 · 史密斯，这位女王时代的军事专家亦曾著书论述："统领与将官皆须精通长弓此种尊贵兵器，并应依士卒体格与臂力，备置优良之弓。"

早在亨利八世统治时期，便制定多项律令，鼓励长弓练习。其中一条要求每位男性臣民，不仅要掌握射箭之术，更需于家中随时备有长弓与箭矢，以便随时操练。惟年满六十岁者、教士以及特定官员方可免除此责。律令更规定，父母与监护人须令七岁以上男童学习射箭，并为其提供弓箭；师傅亦须督促徒弟于节假日与闲暇之时勤加习练。

1545 年，著名学者罗杰 · 阿斯卡姆出版名作《射艺论》，积极提倡在学校与民间推广射箭运动，书中更详尽阐述制弓用箭之法。此书献于亨利八世，国王深悦其心，以年俸十镑嘉奖其忠诚之举。

阿斯卡姆力陈自幼培养射箭技艺的重要性："孩童只要初学时加以悉心指导，其习得精准之射术将远胜于成人；成人积习难改，教之更费力于孩童。"

亨利八世律令亦规定，凡满二十四岁者，箭靶距离不得少于二百二十码。1602 年一位作家曾记述，康沃尔郡射手可将箭矢射至四百八十码外。为激励弓术，亨利八世与伊丽莎白时代均大兴射箭竞赛。1583 年，伦敦曾举行盛大射箭赛事，三千射手齐聚，每人皆执长弓，备箭四支。其中九百四十二人颈佩金链，光彩夺目；护卫队更有四千之众，包括仪仗官、持戟者及侍从。他们列队穿行全城，抵达史密斯菲尔德，演练多种阵法之后，“射靶竞技，博取荣誉”。

莎士比亚笔下，对射箭之术亦多有妙趣横生的描述。《亨利四世（下）》（第三幕第二场）中，沙洛法官提起已故老杜博，不胜感叹道：“天啊，天啊，他竟死了！他曾拉得一手好弓，射出绝佳之箭；约翰·冈特极为钟爱，屡以重金下注。他竟死了！他十二轮（两百四十码）之外仍可正中靶心，十四轮、十四轮半（约二百八十至二百九十码）更能射出强劲前锋箭，那凌厉之势足以赏心悦目。”

所谓“正中靶心”，即箭矢命中标靶正中央白色之处。“十二轮”即十二个二十码之距，合二百四十码；“十四轮”与“十四轮半”同理。“前锋箭”为阿斯卡姆书中所述箭种之一，他指出：“前锋箭须制以宽厚箭头，方能承受长弓巨力”，即适合远程射击之箭矢。

《无事生非》（第一幕第一场）中，比阿特丽丝戏谑本尼迪克时说：“他曾在墨西拿城中贴出告示，扬言要与丘比特比试飞箭；我叔叔家那愚人见状，竟替丘比特应战，邀他一同射弩，用儿童常玩的鸟钝箭一较高下。”所谓“飞箭”，乃轻羽长箭，射程极远；“鸟钝箭”则为粗短钝头箭，专供儿童与愚人使用，防止误伤。此处妙趣横生之处在于，本尼迪克竟自负能与丘比特这样的神箭手相提并论，实则仅堪与孩童嬉戏，不免沦为笑柄。

而在《爱的徒劳》（第四幕第三场）中，丘比特之箭也被戏称为“鸟钝箭”。当拜隆发现国王已爱上法国公主时，欣然调侃道：“天啊，中了！妙极了，丘比特，你竟用鸟钝箭射中了他！”

狩猎

百科全书中贝恩斯教授谈及莎士比亚时说：“诗人年轻时，显然曾多次亲历狩猎、猎鹰、猎兔以及野鸭射猎等田野雅趣。这些活动常由当地绅士与自耕农共襄盛举。莎翁之父是斯特拉福有身份的市民，不久前刚任过镇长，家族在乡间也颇有产业，因此他自然有资格参与其中；更兼他俊逸潇洒、谈吐风雅，自是备受众人热情欢迎。”

莎士比亚爱犬喜马，于其剧作中随处可见，尤以《仲夏夜之梦》中忒修斯描绘猎犬一段为最，其辞生动，如在目前：

忒修斯：
去吧，你们其中一人去寻那护林人来。
我们的典礼既已完成，
眼下正是黎明初上时，
吾爱，我愿你听听我猎犬齐鸣的佳音。
速去那西谷放开猎犬，让它们奔跑——
快些去办，再寻护林人来。
吾美丽的皇后啊，让我们登上山巅，

一同倾听猎犬与山谷回声交响之乐。

希波吕忒：

我曾随赫拉克勒斯与卡德摩斯入克里特林中，

斯巴达猎犬齐声追逐猛熊；

此般壮美鸣吠，我闻所未闻。

不独林间，乃至天穹、溪泉，四面八方，

仿佛整个天地都在回应着犬吠回响。

如此乐韵交织的纷乱，如此悦耳的雷鸣，

我此生从未听过。

忒修斯：

我的猎犬便是斯巴达名种，

唇垂，毛斑，耳长下垂，

轻柔拂去清晨草尖露水；

膝微曲，颈垂皮如帖撒利公牛一般；

虽奔速稍缓，却有玲珑清脆的鸣吠，

仿若层层钟鸣，回声交织。

此等妙音，纵然克里特、斯巴达或帖撒利，

也难以再闻；

听后自能评判。

《驯悍记》中猎人们对猎犬的谈论，也同样饶有韵味：

“新居”花园景致

勋爵：

猎人们，好生照料我的犬群——

梅里曼那只母猎犬累得气喘吁吁，

把克劳德与嗓门低沉的母犬拴一起。

你没看见吗，小子？

西尔弗在树篱转角处表现得多出色，

即便气息最弱处，

我也不愿以二十镑换它。

第一猎人：

贝尔曼和它一样出色，阁下；

在最微弱的踪迹处，它也会叫个不停；

今日两次，它都嗅出了最难辨的气息：

请相信我，它才是最好的猎犬。

勋爵：

你真是个傻子！

若回声能奔跑如飞，

那它才抵得过十二条这般犬。

不过今晚好好喂饱它们——仔细照料，

明日我还要再猎一场。

《温莎的风流妇人》里，佩奇先生为自己的灰狗辩护，面对斯兰德的嘲讽，夏洛法官也帮腔说道：

斯兰德：“你的那条淡黄灰狗近况如何，先生？

听说它在科茨沃尔德比赛中落败了。”

佩奇：“胜负难定，先生。”

斯兰德：“你不肯承认，不肯承认。”

夏洛：“当然不肯承认，那是你的错、你的错；

那是一条出色的狗。”

佩奇：“不过是只杂种狗，先生。”

夏洛：“先生，它是条好狗，俊美又善良，

还有什么好争的呢？它既美又好。”

剧中所提的科茨沃尔德，正是格洛斯特郡著名的丘陵地带，以猎兔而闻名。那里的草坪辽阔平坦，非常适合竞速和其他乡间田猎活动。

而莎士比亚年轻时所作的《维纳斯与阿多尼斯》中，对于骏马的描写更是千古传诵：

且看，近旁丛林之间，

一匹骄傲年轻的母马昂首跃出，

它发现了阿多尼斯的坐骑，

鼻息喷张，发出响亮的嘶鸣；

那匹颈强力壮的骏马，

被系树旁，此刻猛地挣脱缰绳，

径直奔向心爱的母马而去。

它昂然跃起，高声嘶鸣，纵身飞奔，

束缚的马鞍顿时断裂松脱；
大地因它的铁蹄剧烈震动，
空心的胸膛发出如天雷般轰鸣；
钢制的衔铁被它牙关轻易碾碎，
曾经驯服它的东西，此刻已任由它摆布。

它竖起双耳；
编织整齐的鬃毛因狂奔而立起，
强壮高耸的颈脊分外壮美；
鼻孔大张，吞吐空气，
如同炉火炽燃，喷薄热浪；
双眼闪耀着不羁的火焰，
彰显着它狂烈的勇气与渴望。

有时它踱步轻盈，
仿佛在清点每个步伐，
带着高贵从容与矜持自傲；
转瞬间，它又昂然挺立，
纵身腾跃，四蹄离地，
似乎在说："看！
这便是我的力量，
我要俘获旁边美丽母马的目光。"

此时，骑手愤怒的呵斥，

大声的叱喝，

“停下！”

皆被它抛诸脑后；

它岂会在意缰绳、马刺，

或华丽的鞍具与鲜艳的饰物？

它眼里唯有自己的挚爱，

除此之外，再无其他。

画师欲描绘骏马时，

总是企图胜过生命本身，

令艺术与造物彼此争锋；

仿佛画中之物竟比真马更具生机；

这匹马便如此超凡脱俗，

无论体态、胆识、毛色、步态，

还是骨骼皆超乎寻常。

它蹄圆腿短，

鬃毛细薄，长及系部，

胸阔，眼大，头小，鼻孔宽敞；

脊背高拱，耳短腿直，肌肉强劲，

尾巴浓密丰盈，臀部宽阔，皮肤柔润；

你看，凡佳马所需，它样样齐备，

只差一位同样骄傲的骑士驾驭于背。

时而远远疾驰，伫立凝视；

时而又为一根羽毛的飘动惊惶跃起；

此刻它挑战疾风，

飞驰如电，似在疾奔，亦如展翅高飞；

狂风穿梭于它的鬃尾之间，

如轻柔羽翼般翻飞摆动。

在《理查二世》（第五幕，第五场，第 72 行）中，马夫与国王之间那番深情的对话，唯有亲身经历过与爱马之间的深厚情谊，方能写出如此真切的笔触：

马夫：“陛下，我曾是您马厩中一个贫贱的马夫，当年您还是一国之君；我千辛万苦才获准前来约克，只为再看看曾侍奉的君王容颜。那天伦敦街头，当我望见波林布鲁克骑着您钟爱的骏马，在他的加冕大典上耀武扬威，我的心如何酸楚难言！那匹‘巴巴里’，您曾多少次亲自骑乘，我又曾如何细心为它梳理毛鬃！”

理查王：“他竟骑着我的‘巴巴里’？告诉我，忠实的朋友，它驮着波林布鲁克时神态如何？”

马夫：“昂首挺胸，宛如不屑踏足尘埃。”

理查王：“昂然自得，因为波林布鲁克在它背上！这匹马曾吃过我御赐的面包，我曾亲手拍抚，使它心生傲然。难道它不会失足吗？难道它不肯跌倒，既然傲慢必将倾覆，为何不折断那窃据它背脊之人的颈骨？但原谅我吧，骏马，我为何要责怪于你？ 你本就天生受人驱使， 生来就是供人骑乘； 我虽非马匹， 却如驴一般负重， 任由波林布鲁克策马鞭笞。”

《维纳斯与阿多尼斯》中描绘的猎兔场景（第679行起），也必定源于亲身参与猎逐的经验：

“当你猎逐那可怜弱视的野兔， 且看它如何逃避致命的追击； 它疾速奔跑，风亦望尘莫及， 它曲折辗转，千回百转地迷惑敌人： 每一道逃窜的足迹， 如迷宫般令人晕眩。

有时它奔入羊群， 令精明的猎犬失去踪迹； 又有时穿过兔穴， 阻挡猎犬高亢的叫嚣； 有时又混迹于鹿群之间； 危急之际，智慧伴随惊惧诞生。

混杂了不同动物的气息， 嗅觉灵敏的猎犬陷入疑惑， 片刻沉寂，只待重新分辨出气味， 又再度放声狂吠， 回声响彻天际，仿佛天上另有一场追猎。

此刻，可怜的兔子‘沃特’，站立远方山岗， 竖起耳朵，惊惶地倾听， 猎犬的吼声再次传来， 此时它内心的恐惧， 宛如重病之人听到丧钟敲响。

你看那被露水沾湿的可怜生灵， 徘徊不定，步履踉跄； 妒忌的荆棘划伤它疲惫的腿， 每道阴影令它惊悸，每个声响使它驻足； 世间的苦难皆被践踏， 卑微的生命，从未有人伸出援手。”

约翰·R·怀斯先生评价此处描写道：“这段猎逐的刻画极其逼真传神：那只‘被露水沾湿的可怜生灵’如何躲入羊群误导猎犬，又如何停驻聆听，再次辗转逃亡。尤其值得注意的是诗中对猎犬‘嗅觉灵敏’和兔穴‘深入土壤’的巧妙修饰语；更令人动容的是，诗人对弱小动物深切的同情。唯有怀抱真正仁爱之心，方能书写如此诗句。”

捕鸟

莎士比亚的作品中亦多次提及捕鸟之术，他显然对此十分熟悉，想必年少时即耳闻目睹甚至亲自参与其中。

《皆大欢喜》（第五幕第四场第 111 行）中，公爵评价机智而诙谐的试金石：“他把愚昧当作掩饰，就像猎人使用伪装马一般，悄悄射出他敏锐的机智。”《无事生非》（第二幕第三场第 95 行）中，堂·佩德罗和同伴谈及隐藏一旁的本尼迪克时，克劳迪奥说道：“继续吧，继续捕猎吧；猎物丝毫未觉。”

最初，“伪装马”（stalking-horse）确是用于捕猎的真马，它们经过专门训练，装上布帘，帮助猎人隐蔽自己，使其悄然接近鸟群后施以射击。当不便使用真马时，则使用轻便的仿制马。此后“伪装马”便转而用于比喻，意指某种用于掩盖真实目的之物。

在《仲夏夜之梦》（第三幕第二场第 20 行）中，精灵帕克描述笨拙工匠们惊慌逃散的模样：“就像被潜行的捕鸟人吓飞的野鹅群，或棕色鸦群闻到火枪的响声，惊叫着四散飞去。”

在《暴风雨》（第二幕第一场第 85 行）中提及的“火光捕鸟”（bat-fowling），也是莎士比亚时代的常见捕猎方式：夜间点燃火把，惊起鸟儿，待其迷乱时将其捕获。

猎鹰

猎鹰乃贵族之乐，莎士比亚却对此了如指掌，他的作品频频提及鹰隼捕猎之术，想必年少时曾多次观赏贵族们在斯特拉福郊外的狩猎活动。

随着火器兴起，猎鹰渐渐失宠，然在伊丽莎白时代，仍颇受推崇。亨茨纳在 1598 年记载称，猎鹰当时乃英国贵族普遍的娱乐活动，但仅一个世纪之后便逐渐式微。

莎士比亚对猎鹰种类了然于胸，他多次提到“野鹰”（haggard）。《无事生非》（第三幕第一场第 36 行）中，希罗评价碧翠丝：“她那桀骜不驯的性子，就像岩石上的野鹰一样难以驯服。”《驯悍记》（第四幕第一场第 196 行）中，彼得鲁乔则用同样比喻形容凯瑟丽娜：“我还有别的方法驯服我的野鹰，使她学会顺从我的召唤。”

透过这些栩栩如生的描绘，可见莎翁对于大自然的理解之深刻，以及对生命万物之情感何其细腻入微。

尚未长成、羽翼未丰的小鹰称为“eyas”。在《哈姆雷特》中，莎士比亚嘲讽当时正流行的童伶戏班，说他们只不过是“一窝小鹰崽儿，毛都没长齐的雏鸟”。《温莎的风流妇人》里，福特夫人调侃法斯塔夫的侍童罗宾：“怎么啦，我的小鹰雀儿（eyas-musket），你带来什么消息啦？”“Eyas-musket”就是小麻雀鹰，鹰的一种，但品种较小，不甚名贵。“Musket”本是拉丁文“musca”（苍蝇）而来，暗指它体形微小。有趣的是，

伊丽莎白时代猎鹰图

火枪（musket）这个词居然也出自同一词源。过去人们常拿火枪与猎鹰相提并论，因为它们都是捕鸟的工具。甚至在十六世纪，

有一种小型火炮也被命名为“猎鹰炮”（falcon）或更小的“猎鹰小炮”（falconet）。

在《罗密欧与朱丽叶》中，当罗密欧离开朱丽叶时，她想将爱人唤回，便叹息道：

嘘，罗密欧，嘘！

要是我能像猎鹰师那样唤声一出，

就能叫回这只温顺的雄鹰（tassel-gentle）该多好啊！

这里的“tassel-gentle”就是雄性猎鹰。根据当时的字典，雄鹰因通常比雌鹰小三分之一，因此被称为“tercel”（意为三分之一大小的鹰）；而“gentle”则形容它驯养起来容易又顺从。

莎士比亚在《特洛伊罗斯与克瑞西达》中写道：“雌鹰与雄鹰一般强壮，足以对付河中所有野鸭。”但实际狩猎中，雄鹰很少使用，因为其力量和体型都远不及雌鹰。丁尼生最初在《兰斯洛特与伊莲》中曾用“he”形容猎鹰，后来意识到错误，特意改为“her”。

猎鹰在出猎前，通常头上会罩着一顶特制的罩帽，待到出猎时才摘下，术语叫作“hooded”。莎士比亚多次巧妙地用到这个比喻。

在《亨利五世》中，法国统帅嘲笑王太子道：“他的勇气没人见过，除了他的仆人；那是盖着头罩的胆量（hooded valour），一旦摘下，就要惊慌扑翅（bate）了。”这里的“bate”指鹰脱下罩帽时拍打翅膀惊慌失措，同时也暗指胆怯或底气不足。

《奥赛罗》中，当奥赛罗怀疑妻子苔丝狄梦娜时，说道：

若她果真如野鹰般难驯,

即使脚上的鹰绳 (jesses) 连着我的心弦,

我也会吹响口哨 (whistle her off) ,

让她随风而去 (let her down the wind) ,

任她听天由命 (prey at fortune) 。

这一句话便用到了好几个猎鹰专用的术语:

"Jesses":系在鹰脚上的皮绳,猎鹰师借此控制鹰的飞行。

"Whistle off":放飞猎鹰时吹口哨的动作。

"Let down the wind":正常猎鹰要逆风放飞,以便鹰返回;若顺风放飞,就意味着彻底放弃,不再期待鹰回来。

"Prey at fortune":鹰无约束下自由捕食,随遇而安,听从命运摆布。

猎鹰的脚上常常绑着两只铃铛,音调相差半音,用来惊动猎物,以利捕猎。《鲁克丽丝受辱记》中便写:"无辜的鲁克丽丝听他叙述,吓得浑身发抖,犹如鸟儿听见猎鹰脚下的铃声。"在《皆大欢喜》里,小丑试金石也说:"正如牛有套轭,马有缰绳,猎鹰脚上系铃铛,人也总有他的欲望。"在《亨利六世》第三部里,华威自豪地宣称:"无论国王,还是最亲密的拥护者,哪怕最骄傲的兰开斯特贵族,只要我摇动我的鹰铃,谁都不敢轻易拍动翅膀。"

如今伦敦用作停放马车或养马的马厩,被称作"Mews"。这个词原本与鹰有关:猎鹰换羽 (mew) 时,要关进特定的小屋 (mews) 。伦敦王室曾将鹰舍的旧址改为皇家马厩,这个名字便沿用下来，逐渐变成英国各地马厩的通称。

莎士比亚作品中类似的猎鹰典故数不胜数，上述仅是其中一部分，但已足以展现他对于猎鹰技艺的熟稔和巧妙运用。即便猎鹰文化逐渐消失，这些生动的词汇在莎士比亚笔下却永远鲜活。

持鹰与猎犬的少年

在结束这个话题前，我还想提醒一下年轻的读者：前文所举那些有关射箭、猎鹰和其他古老技艺、体育、游戏的例子，同时也说明了一个道理：每个时代的习俗风尚会深深影响那个时代的比喻与表达。要理解那个时代的文字，我们就得熟悉那个时代的生活场景。再举一个新鲜的例子：亨利八世时代的诗人约翰·斯凯尔顿曾这样形容一位女士：

快乐的玛格丽特，
犹如仲夏的花朵；
温柔如同猎隼，
亦如塔楼上的鹰。

倘若我们今天把一位年轻女士比作猎鹰或猛禽，她恐怕很难认为这是恭维。事实上，这个比喻曾被一位显然不了解猎鹰习俗的评论家所批评。他说："我们可不愿娶一位像鹰一样凶猛的女人，这种比喻恐怕暗示她婚后的利爪。"这位评论者并没有意识到，诗人写作的那个时代，正是猎鹰盛行的时期。当时经过驯养的猎鹰性情十分温顺，比鸽子更为驯服，是高贵家庭，特别是贵妇们所珍爱的宠物。莎士比亚也曾在十四行诗中写道：

有人以出身为傲，有人以技巧自豪，
有人炫耀财富，有人夸耀筋骨强健，
有人以新奇衣饰自喜，
有人热衷猎鹰、猎犬、骏马；
……
而你的爱对我来说胜过显赫家世，
比财富更珍贵，比华服更荣耀，
比猎鹰骏马更加令人喜悦，

有了你，我便拥有所有人所羡慕的一切。

在《无事生非》中，比阿特丽丝叹息时，玛格丽特调侃道："你叹息是为了猎鹰、骏马，还是为了丈夫？"

莎士比亚的一些注释家，有时也如前面那位批评家一般，因为不了解作者用以比喻的事物或风俗，误解了莎士比亚作品中的用意。

戏剧娱乐

当时剧团到访斯特拉福时，我想不会有哪个当地男孩比威廉更兴奋的了。他的父亲约翰·莎士比亚和市议会里的其他同僚一样，似乎也非常喜爱戏剧。他在1569年担任镇长时，曾给女王剧团和伍斯特伯爵剧团颁发过演出许可。

威廉·肯普跳莫里斯舞

女王剧团当时的首次献演，收获九先令赏金，伍斯特伯爵剧团则仅得一先令。这些演出，民众皆可免费观赏。此后他们必然再度演出，而届时或已开始收取一定的入场费用。

约翰·莎士比亚是否曾携年仅五岁的威廉前去观赏这些戏剧呢？此事未必没有可能。我们所知，当年在离斯特拉福不过三十里的格洛斯特城，一位父亲便曾带着他那与莎士比亚同龄的幼子去观看由市镇举办的免费戏剧表演。这位男孩年老后撰写回忆录时，记述了当年随父亲观剧、自己站在父亲双膝之间观看演出的情景。

那次演出的是当时颇为流行的一出“道德剧”，这位老者用一种生动古雅的笔触，对那场演出作了描述，颇值得引述，以令读者一窥当年这类戏剧的风貌：

“那出戏名为《安乐的摇篮》，剧中主角是一位国王或某位身份尊崇的王子。他身边围绕着许多各色廷臣，其中尤以三位女士最受他恩宠。这三位女子引领他沉湎于欢娱享乐之中，远离那些持重严肃的顾问。最终，她们竟引诱他躺进了舞台上一张摇篮之中。三位女子唱起一首甜美之歌，将他缓缓摇晃入睡，令他鼾声大作。就在这时，她们暗中取出一副猪嘴模样的面具，悄悄将它罩在王子的脸上；面具上还系着三条细铁链，每位女子各握一条。随后她们继续高歌，当她们揭开面纱时，观众才发现王子已被变作了如此怪异的模样，而她们仍边歌边舞。

就在此时，从舞台另一端一扇门中走出两位老人。一位着蓝衣，肩扛执法官的权杖；另一位穿红袍，手持利剑，并将另一只

乡村宅邸中的巡回剧团

手搭在蓝衣老人的肩上。他们二人缓步绕行舞台，直至靠近摇篮。此刻，整个宫廷都沉浸于极致的狂欢之中。忽然，前面那位老人以权杖猛击摇篮，顿时所有廷臣、三位女子以及那面具一齐消失无踪。只留下孤寂无依的王子赤裸着面孔惊坐而起，醒觉自己竟已到了受审判的时刻。他开始痛苦哀叹自己的悲惨处境，最终被邪恶的鬼魂带走了。

在这场道德寓言剧中，那位王子象征的是‘世间的罪恶’，三位女子则代表着‘傲慢’、‘贪婪’与‘纵欲’，而两位老人则寓意‘世界末日’与‘最终审判’。

这场演出给我留下极深的印象，以致待我成年之后，它在我记忆中依然清晰鲜明，仿佛昨日方才观赏过一般。”

据斯特拉福的记载来看，1569 年来访的戏剧团体乃是首次莅临此镇；而此后，戏剧团几乎年年都会造访于此。

至于这些剧团在激发年幼的威廉对戏剧艺术的热情、乃至塑造他未来的人生道路方面，究竟起到了多大的作用，我们虽无从确切得知，然而“童年乃成人之父”，从莎士比亚童年所经历的一切中，我们已隐约可以窥见那些日后属于诗人、戏剧家、伟大人物的潜在因子。

第Ⅴ部分

节日、庆典与集市等

教区界标老榆树

圣乔治节

我们虽无从确知威廉·莎士比亚确切的出生日期，但在斯特拉福教区的教堂登记簿中，却记载着他于1564年4月26日受洗。当时教会惯例一般是在婴儿出生后第三日施行洗礼，因此后人便假定威廉出生于4月23日。然而这一惯例并非铁则，变通情形屡见不鲜，我们亦无任何明确证据表明莎士比亚家族严守了此一惯例。此外尚须留意的是，按当时英格兰所使用的历法推算，4月23日实际相当于现今的5月3日。

倘若真能相信这位伟大的诗人正是在这一天踏上人生舞台，那确是一桩妙不可言的美事——因为这一天正是圣乔治节。圣乔治乃英格兰之护国圣人，每逢此日，全国上下无不举行盛大的欢庆仪式，筵宴举城，四方同庆。

莎士比亚长大后，必定熟知理查德·约翰逊所编纂的那部故事集——在其中，圣乔治被列为“基督教世界七大勇士”之一。

正如学者A·H·沃尔先生所记：“在这本书中，我们得知圣乔治曾与萨拉森异教徒鏖战，以奇迹般的勇猛斩杀了一条骇人的巨龙。那条龙所经之处，城市毁灭殆尽，它以毒息灭绝众生，并每日吞食一名貌美的处子。此后圣乔治被摩洛哥的黑国王囚禁，但他最终逃脱囚牢，带着从魔龙口中解救出的公主一同逃离。此龙刀枪难入，世间无物能伤，唯圣乔治一人降伏。他将这位公主带回英格兰，从此与她在华威郡安居乐业，终此一生。据传，这一切故事发生于公元三世纪左右。”

从那时起，“圣乔治！”便成为英格兰人出征时振奋军心的呐喊，犹如法国人高呼“蒙乔瓦，圣丹尼！”一般。直至今日，“凭乔治起誓！（by George!）”依旧是英语世界的常用惊叹语，便是源自当年对这位圣人的崇敬。

《圣乔治与魔龙》的古老民谣（收录于珀西《古遗集》）记载，这位传奇圣人离世之处，正是他诞生的同一郡县；他甫一降生，其母便于产床之上逝去；随后，一位神秘的森林女巫将他偷走，以魔法抚养成人，令他成长为举世无匹的勇士。圣乔治身上有三处奇异的印记，皆预示他日后必成非凡之功业：肩上一枚十字架，胸前一条盘踞的巨龙，腿上则环绕着一条吊袜带。这些印记的深义，逐一在他的功业中显现——他作为十字军远赴圣地，立下赫赫战功；又在埃及斩杀魔龙，拯救国王之女西莲妮（又名萨布拉）；最后，则在他逝去后，爱德华三世设立嘉德骑士团，将圣乔治奉为骑士团守护神。

其实，早在爱德华三世之前数个世纪，士兵们便早已奉圣乔治为自己特殊的保护神，不少古老的工匠行会也将他视为庇佑者。在英格兰某些地方，甚至明文规定每年必须举行一次“巡游圣乔治”仪式，违者将受到程度不等的惩处。莎士比亚的一位祖先，华威郡的约翰·阿登，便曾在遗嘱中提及，将自己的整套白色盔甲捐赠给阿什顿教堂，以供每年“乔治巡游”时穿戴。这发生在英王亨利七世在位之时。此外，当时尚有一出名为《圣乔治圣徒殉难记》的古老戏剧，只可惜到了近代，这出戏已蜕变为一场乡间村夫的粗鄙闹剧。

虽然亨利八世明令禁止举行“巡游圣乔治”活动，而爱德华六世又颁布了更为严苛的禁令，这种庆典却依旧在一些偏远小镇悄然延续着。根据斯特拉福行会的古老记录，直至此风俗最终在全国范围内绝迹之前，斯特拉福乃是最后一批保持此习俗的城镇之一。我们不难想象，年幼的莎士比亚一定亲眼目睹过这一节日以古老庄严的仪式盛大举行。

沃尔先生曾这样形容当年节日的盛况：

“届时将何等声势浩大，盛况空前！行会珍藏的各类古旧兵器甲胄，将一一取出擦拭打磨，交由镇守卫队和弓箭手们穿戴。城中上下无不尽享珍馐佳肴，稀世美酒纷纷献上，共飨盛宴。悬挂在圣乔治祭坛上方的那套白色铠甲，造型古雅庄重，定将恭敬地取下，精心擦拭。邻近乡镇、村庄、古堡与豪宅的宾客们，将纷纷慕名前来，接踵而至，数日不绝，各处旅店人满为患，门庭若市。”

圣乔治节当日，游行沿途遍撒碎石，街道两旁筑起华美的栏杆；街市中家家户户皆以锦绣挂饰装点门面，遍插绿枝鲜花。天未破晓，镇中的小炮便开始轰鸣，伴随着阵阵回响的巨声，人群中爆发出齐整而响亮的呼号：“圣乔治！圣乔治！”响彻云霄。

游行队伍浩浩荡荡：行会会长身着盛装，学识渊博的学校校长领着身穿蓝色长袍、头戴扁帽的语法学校学生与班长们，行会礼拜堂的神父们也加入其中。他们与各行各业的工匠代表、行会兄弟姐妹，以及来自慈善院的老人们一道，欢声笑语，颤巍巍地前行着。凡与镇子有关联的人，没有一个在此时被遗忘，那些应得礼遇的人们皆占据着醒目的位置。肃穆庄重的仪仗官自然也在其中，严肃而矜持。镇上的乐手们鼓乐齐鸣，以长笛与鼓号吹奏起振奋人心的乐曲；教堂与礼拜堂的钟楼则争相鸣响，奏出愉悦的钟声。镇子的小号手们紧接着登场，走在镇长、参事与财务官们前面，官员们身披镶有毛皮的鲜红长袍，胸前佩戴象征权威的项链，手执新近镀金的权杖，神采奕奕。

随之而来的便是策马徐行的圣乔治，他一身耀眼的银甲与出鞘的宝剑在阳光的闪烁中熠熠生辉，头盔上那洁白的大羽饰在柔和的春风中翩然飞舞。而就在圣乔治身后，引得沿途民众阵阵哄笑的，则是一条憨态可掬的巨龙（啊，好一条“巨龙”！）——其实是由两个男孩扮演而成，他们藏在道具龙的躯体内，龙颈上套着铁链，链子的另一端由圣乔治握持，他的长矛插在龙喉间，生动至极。

接着，镇中的教区牧师、副牧师及绅士名流们齐齐登场，身穿华美的锦缎衣裳，饰以精致的丝带与闪亮的珠饰，颈上佩挂金银饰链，脚蹬闪耀的马刺，腰间佩戴利剑，浩浩荡荡地加入巡游的队伍，而庄园领主与夫人则昂首走在队伍的最前面。领主与夫人的地位尤为显赫，他们便是威震一方、声名显赫的“贤善伯爵”安布罗斯·达德利及其夫人——这对伉俪一向善待贤士、嘉奖美德，从他们在华威郡宏伟的城堡中远道而来。

然而，这场“圣乔治巡游”还有一个令人难以忘怀的亮点：那位艳冠群芳的埃及公主——由镇中最貌美的少女扮演（斯特拉福向来盛产美女，至今依旧如此）。少女头戴金色的王冠（其实不过是金色的纸板制成），坐在一个装饰华丽的轮式高台上，身旁伴着一只可爱的小羊羔，小羊颈上挂着春天里最早绽放的花环。公主面颊微晕、娇羞浅笑，垂目之间尽是令人心旌荡漾的动人姿态——这一切在我脑海中温柔浮现，仿佛美梦一般。

巡游一路前行，欢庆的钟声始终高扬不息，热情洋溢的人群纵情高呼，从千百张口中齐齐发出震撼天地的呐喊，那是曾令无数敌国胆寒的英格兰战斗号召：“为英格兰的圣乔治！为欢乐的英格兰！”

按照惯例，巡游前数日便会由镇中的号手在市场十字架前吹响号角，隆重宣布庆典的到来。于是我仿佛看到，斯特拉福的手套商约翰·莎士比亚携着他一众精干的雇员们——包括那些技艺精湛的男女工匠和熟练的机械师——一同涌入市场广场，聚集于十字架下，倾听镇上号手洪亮清晰的声音。市场广场的另一端，正对着小笼房的所在处，曾是莎士比亚女儿朱迪丝居住之地。

在我的想象中，约翰身旁站着他温柔的妻子玛丽，她的手中紧紧牵着年幼的威廉。那男孩瞪大了一双明亮而惊奇的棕色眼睛，好奇万分、兴奋异常。当号手的话语尚未讲完，这个顽皮的小家伙便被父亲高高举起，远远超出头顶，尖声脆脆地欢呼起来：“为英格兰的圣乔治！” 而玛丽则向众人微笑着说道：“亲爱的邻居们，今日就由我家威廉来领头高呼吧，因为正是在这圣乔治节，他呱呱坠地，来到了世上！”

复活节

圣乔治节的盛典之前，通常便是那令人心神愉悦的复活节了。莎士比亚的童年时代，尽管宗教改革已大大减轻了往昔四旬斋期的肃穆与严苛，但复活节仍是当时最欢欣雀跃的节日之一。

正如查尔斯·奈特先生所言：“彼时复活节清晨，人们携手踏入田野，在晨曦初露前等待朝阳从山岭间跃然而出。目之所及，东方的太阳颤巍巍地升腾，仿佛充满灵性一般，与获救赎的人类共舞同欢——这无疑是一幅绝美的景象。那时年轻的诗人或许也曾与他淳朴的邻人一道，伫立在那明媚而清新的旷野上，虽心中也如托马斯·布朗爵士所言：‘我希望，并不会因我们说太阳并非在复活节舞动，而贬损了我们救主的复活。’ 然而，在他那青春年华创作的剧作《罗密欧与朱丽叶》中，却留下了如此明朗生动的意象，赋予了太阳以生命与律动：

夜的烛炬已然燃尽，欢欣的白昼

踮起脚尖，立于雾蒙蒙的群山之巅。

难道他真的未曾见过太阳的欢舞？难道他真的未曾听到那毫不迟疑地宣称太阳确实舞动的民间说法？或许，少年莎士比亚便是在那斯特拉福晨曦微露的旷野上，真切地感受到了太阳之舞。”

诗人约翰·萨克林爵士在《婚礼之歌》中，也以精妙而美丽的笔触，借新娘之美喻复活节上舞动的太阳：

然而啊，她的舞姿多么美妙！

即便复活节上舞动的太阳

也不及她明艳璀璨。

而莎士比亚在《科里奥兰纳斯》中，也许正是念及此种民间传说，才有了如下意象：

号角、竖琴、箫管与短笛，

手鼓与铜钹声交织，罗马人高呼欢腾，

竟使太阳也随之起舞。

在当时，复活节也是人们尽情挥洒精力，投入球类与各类体育竞技的绝佳时节。

教区巡行仪式

自约翰·莎士比亚在亨利街的家出发，向亨利镇方向前行数百码，路旁曾耸立着一棵古老的界树——一株高大的榆树，直至半个世纪前才彻底消逝，其记载甚至可追溯到16世纪的史册之中。正是从这株界树开始，斯特拉福镇的边界线依次延伸，途经"伊夫舍姆大道上的两株榆树"，再顺次连接其他界标，最终返回原处。每年在祈祷周（复活节后的第六周），镇上的神职人员、地方官吏与居民，包括语法学校的学生们，都会聚集于此树之下，共同参与一年一度的教区巡游活动。他们高举花环装点的旗帜与长杆，浩浩荡荡地沿着教区边界一路前行。当巡游队伍来到每一处"福音之树"下时，都会恭敬地诵读一段圣经经文，随后进行祷告，齐唱赞美诗歌。

即便在宗教改革之后，这种教区巡游的习俗依旧被人们所保留。1575年，教会还特意制定了一套"祈祷日巡游仪式"，要求仪式中不再掺杂任何旧时代迷信的成分。同时规定，在巡游时，牧师应当劝诫人们"怀着感恩之心目睹上帝赐予的恩惠"，并援引经文警示那些擅自挪移邻里界标的人们。艾萨克·沃尔顿曾记载说，虔诚的胡克牧师就非常鼓励这种年度仪式："他绝不愿错过这传统的巡游时节，总是劝告所有富人、穷人，只要他们期望保持教区之间的和谐及各自的权利与自由，就应当陪伴他共同巡游，而多数人也的确照此而行。胡克牧师在巡游期间总是更为亲切随和，他还常常讲述一些妙趣横生的言论，让人们记忆深刻，尤其是教区里的少年们和年轻人。他总是鼓励所有参加巡游的人心存谦和，相互包容与爱护，因为爱不计较罪恶，却遮盖许多过失。”

正如奈特先生引用此段所说：“幼年的莎士比亚，也许正是在聆听某位如胡克般慈祥而和蔼的牧师的教诲中，随着巡游队伍缓步丈量着故乡教区的边界。斯特拉福的边界宽广无垠，一天的时间难以踏访所有福音之树。人们时而会花费数小时调解公共田地中农户们的纠纷，时而向贫苦之人施舍馈赠，时而在适合歇息之处尽情欢庆。广袤的斯特拉福教区涵盖了 11 个村落与聚居地，其地貌更是瑰丽多姿，兼具丘陵、谷地、林木与溪流。从韦尔科姆的青丘延伸开去，边界线沿着茂密的树林一路蜿蜒约三英里，沿途皆可一览令人惊叹的风景。晴朗之日，甚至能远眺考文垂城的尖塔从远处丘陵之上隐隐探出，而近处的华威城堡则隐没于郁郁葱葱的林木之间。站在那高地的最北端，环顾四野，但见斯特拉福镇静卧于谷底，毗邻比肖普顿、小威尔姆科特、肖特里与德雷顿等村落。此时，语法学校里那个天赋异禀的少年莎士比亚，倘若他眺望着眼前这片故土，会否想到自己今后的人生呢？未来二十年，他将在异乡漂泊闯荡，斯特拉福不再是他常驻之地，却将永远是他魂牵梦萦的精神家园。他将在无人踏足的道路上开辟前程，获得无上的声名与财富，而这道路，即便他年少时的雄心壮志也未曾清晰描绘。然而，当他步入生命的黄金时期，必将带着累积的财富，返回故土，成为他脚下这片深情眷恋的土地上富裕而知足的主人。再过短短数载，他将在故乡的灰色教堂塔楼下安息，而他的墓碑则将在往后的时代中，万世敬仰，永远流传。”

“连国王也愿为此而死去。”

五月节与莫里斯舞

往昔的五月初日，是一年中最为明媚动人的节庆之一；而其间那些纯真欢悦的活动，却是清教徒眼中十足的罪孽。菲利普·斯塔布斯在他 1583 年所著《滥用解剖》中描述道：“每逢五月节，每个教区、城镇与乡村，男女老幼无分彼此，聚合而行：或三五成群，或合众齐出，前往郊野林间、丘陵山峦；他们整夜流连忘返，尽享娱乐，待翌晨回返之时，手中携来桦木新枝、树木葱茏，用以装饰庆典集会……而自野外归来之时，人们最珍贵的收获莫过于那根五月柱了。他们极其恭敬地将之运回村庄，其盛况可谓浩荡非凡：二三十对甚或四五十对牛儿，每头牛的犄角尖上皆系着鲜花芳草织就的芬芳花环，拉曳着那根通体以花卉与香草缠绕覆盖，色彩斑斓且上下贯穿的五月柱；二三百名男女老少毕恭毕敬地紧随其后，如此庄严盛大的队伍，浩浩荡荡行回村庄。待五月柱耸立而起，柱顶随风飘扬着旌旗与丝巾，人们便撒下鲜花绿叶，环绕四周筑起夏日凉亭、花冠凉棚与翠叶华盖，继而便是丰盛的筵席与盛大的欢宴；人们围绕五月柱翩然起舞，尽情跳跃，如同古时异教徒们在神像前狂欢献祭——这般景象，岂非那偶像崇拜的重现，或说根本便与之无异？”

然而，同为清教徒的弥尔顿，却在其《五月清晨之歌》中以不同的笔触讴歌这节日的欣欣向荣：

此刻，璀璨的晨星，白昼的前驱，
正舞姿轻盈地从东方踏步而来，
引领着花神五月，自她翠绿的裙襟中，
洒下金盏草黄、报春花淡。

欢迎你，丰盈慷慨的五月！
是你赐予欢笑与青春，
并燃起热切的渴望。
林木与密林为你披上盛装，
丘陵与山谷因你而自豪欢畅。
因此，我们用晨曦的歌声向你致意，
迎接你的到来，并祈愿你久久驻留。

君王与王后也未曾鄙弃这乡野节庆，亨利八世与凯瑟琳王后便曾十分喜爱。亨利八世在统治初年，也曾于五月节清晨起身，携朝臣一道前往树林“迎接五月”，采撷鲜绿枝条。在《仲夏夜之梦》（第四幕第一场）中，忒修斯、希波吕忒及其随从也正是于天明时分漫步林中，发现了因帕克施展魔法而沉睡林间的几对恋人，忒修斯于是说道：

想必他们起得这样早，
是来恭行五月节的仪式；

听闻我们隆重的庆典，

便先期而至，以示敬意。

正如性情严肃的斯塔布斯所言，少年少女们更是不会错过五月节这浪漫的仪式。据大英博物馆一份1560年题为《伊顿公学概况》的手稿记载：“每逢圣菲利普与圣詹姆斯纪念日（即五月初一），若天气晴好，且校长准许，乐意参与的学童们可于凌晨四时起身，前往采集五月枝条，但务必小心，不可沾湿鞋袜；其日，他们将这些绿叶新枝装饰于寝室窗前，以馥郁芳香之草遍洒屋宇。”

五月柱往往屹立在村落中央的绿地或城镇公共场所，经年不倒，人们时常以斑斓的色彩装饰其上。托利特曾记述一根“以黄与黑色条纹呈螺旋状描绘”的五月柱。而莎士比亚在《仲夏夜之梦》（第三幕第二场）中，则借赫米娅之口揶揄身材高挑的赫莲娜，称她是“一根涂抹了颜料的五月柱”。

在《亨利八世》（第五幕第四场）中，当门房对蜂拥而入宫廷庭院的嘈杂人群恼怒不已，嚷着要取来“一打山楂木棒”将他们驱逐之际，有人对他说：

请您息怒：要将他们赶走，

除非用大炮将之轰离宫门——

否则欲驱散此辈，与在五月节晨曦

使人沉睡同样艰难；此乃永不能之事。

此日，斯特拉福的学堂自是放假休息，而少年威廉，亦当趁此佳节纵情嬉游。

在莎士比亚时代，五月节庆最具特色者，当属名为“莫里斯”的欢快之舞了。这一舞蹈的主角多取自罗宾汉传奇中的人物：有侠义之首罗宾汉；其忠诚追随者小约翰；亦有德雷顿笔下所言，

那位欢乐的塔克修士，常常布道于众前，

颂扬罗宾汉及其义士传奇；

还有罗宾汉钟爱的伴侣玛丽安姑娘；小丑一角亦必不可少，他身穿杂色华服，头戴系铃的小丑帽，手腕与脚踝上亦缀满清脆的铃铛；吹笛人，时称“汤姆·派普”，是舞团乐手；更有“木马”，由一名舞者披上特制纸板架，装扮成马首与马身，其下罩以长袍或华丽布匹，遮盖舞者双腿；又有“巨龙”，亦以纸板制

莫里斯舞蹈场景

成，其形制与前文所述圣乔治节庆上的“龙”相似。除去这些特殊人物之外，还有数位舞者着奇装异服，脚踝间系着叮当作响的铃铛，共同翩然起舞。

随时代与地域之不同，此类角色的人数与形式亦不尽相同。有时舞蹈中仅出现上述人物之一二，或增添其他新奇角色。

伊丽莎白女王时代，清教徒们严辞激烈抨击这些五月节舞蹈，塔克修士被斥为天主教余孽，“木马”则被指为亵渎的迷信。此类反对之声日渐高涨，以至这些角色渐渐淡出了民间庆典。那时代戏剧中不乏对此情形的暗示，如《爱的徒劳》（第三幕第一场）言：“木马已被遗忘”；《哈姆雷特》（第三幕第二场）亦言：“否则他将与那‘木马’同遭遗忘，其墓志铭便是：‘呜呼，呜呼，木马已遭遗忘。’”此“墓志铭”（亦见于《爱的徒劳》）似是出自当时流行的某支歌谣。此外，在博蒙特与弗莱彻的剧作《讨女人欢心》(第四幕第一场) 中亦见：“木马岂将永遭遗忘？”而本·琼森在其《奥尔索普庆典》中亦叹：“然看，木马已然不见踪迹。”

塔克修士则见于莎士比亚的《维罗纳二绅士》（第四幕第一场），其中一位捕获瓦伦丁的亡命之徒喊道：

以罗宾汉之肥胖修士光秃之头发誓，

此人堪作我等野性派系之君主！

塔克修士在伊丽莎白时代仍未自莫里斯舞蹈中消失，这一点可见于 1586 年华纳《英格兰纪事》中所述：“且看罗宾汉、小约翰、塔克修士及玛丽安，舞步轻盈。”然此后他便不复出现；

本·琼森约1620年所著《吉卜赛人假面剧》中，小丑便察觉舞中已无修士与玛丽安："此处既无玛丽安，亦无修士。"

玛丽安姑娘原先亦称五月女王或五月佳人，早在罗宾汉故事流传之前便已在五月节庆典中出现；此人物大抵是罗马春季女神芙洛拉（Flora）在五月时节庆典中的化身。

扮演玛丽安姑娘者，有时为美貌女子，更多时候则为少年或青年男子着女子盛装登场。日后，莫里斯舞步渐成粗俗滑稽表演，玛丽安一角更是由小丑担纲。莎士比亚在《亨利四世（上）》（第三幕第三场）中，福斯塔夫轻蔑地提及"玛丽安姑娘"，此时（约1596至1597年）该角色已沦为低俗人物之典型。

莫里斯舞蹈与五月节的紧密联系，在《终成眷属》（第二幕第二场）亦有暗示："如同五月节上的莫里斯舞，适合得恰到好处"；但日后，莫里斯舞逐渐扩展到诸多其他节庆与集市，成为民间欢庆时常见的娱乐形式之一。

奈特先生以想象勾勒了一幅莎士比亚少年时代五月节庆的场景：

"一群迫不及待的人们聚集在古老榆树的浓荫之下，清晨的日光正以斜长的光束穿过草地，投下耀眼的辉芒。不远处传来了小鼓与风笛欢快的声音：

听啊，听啊！我已听见舞蹈之声，
那敏捷轻盈的莫里斯舞近在眼前；
风笛与莫里斯的铃声交织，
昭示着舞者已然不远。"

在阿登森林葱郁的绿荫深处，人们正徐徐引入五月的花柱。沉重的牛车缓缓前行，那些壮硕的牛只虽披挂鲜花，却并非为祭典而牺牲。围绕着这从林间夺取的战利品，吹笛人婉转悠扬，舞者衣袂翻飞——少女们着天蓝裙衫，护林人身披碧绿短袍。伴随着老幼喧腾的欢呼，童稚兴奋地跳跃鼓掌，五月柱高高耸立。然而此刻正有几位名角登场，虽风光无限，却已远不及往昔：罗宾汉与小约翰踏着青草般碧绿的短装而至，所携的弓与箭囊更似装饰而非实用；玛丽安姑娘也依旧出现，但这次却更像是一场玩笑——一名面容光滑的少年，身披浅蓝短袍，头戴花环，步履故作娇柔，已非昔日那位：

花冠艳丽，芬芳满怀，

荣膺五月女王之位的牧羊少女。

田园风情中竟添了几分诙谐滑稽，不真实的时代已然悄然降临。纵然是乡间村落，亦免不了些许戏谑嘲弄——人们假扮模仿，取笑着自己所饰的角色。然而，那“木马”与“巨龙”仍旧激发起阵阵笑声欢呼。不久，活力四溢的莫里斯舞者便将欢乐的气息传播开去，那滑稽可笑的“玛丽安姑娘”亦开始“如摩尔人一般纵情跃动”。“塔克修士”悄悄离开旧日伙伴，转而与真正的乡间少女携手共舞；“木马”脱去了纸板道具与华丽的外罩；而“巨龙”也静静卸下长长的颈尾，等待来年的召唤。此刻，仿佛夏日遗嘱中的快乐合唱正在响彻天际：

轻盈步伐来回走，

欢声笑语舞不休。

往返穿梭城镇间，

成双结伴向林幽。

五月嬉游尽欢颜，

爱情之乐无须言，

如此轻盈步伐走，

喜悦长驻人心头。

初升的月光仍在俯瞰肖特里村的草坪。吹笛人倚靠着五月花柱，而那些最善舞的村民仍踏着节拍，身姿轻盈，如游鱼一般绕着柱子缓缓盘旋：

我曾目睹汤姆·派普，

立于村庄绿地间，

背靠花柱轻笛吹，

欢快人群舞翩跹，

循着柔美圆舞步，

绕他纵情共蹁跹。

这位美妙诗句的作者——属于我们诗坛黄金年代最后的诗人之一——又描绘道："五月女王"在傍晚来临、嫉妒的夜晚催促人们离去时，会在五月花柱旁特制的凉亭中坐定，将分别的礼物送与这些"欢乐少年"：

五月佳人一一点名唤来，

赏赐乡间少年的精彩舞姿：

为一人编织玫瑰花冠，

予他人雕刻牧钩或精美行囊；

有幸者赏以殷红樱唇之吻，
另有人获她青丝饰带一条；
更有帕巾抛了又抛，
凡此种种，
无一人空手归还——
只因他们倾情挥洒，
献出乡野间最淳朴的欢笑。

圣灵降临节

圣灵降临节，即五旬节，亦称惠特森节，是古老英格兰岁月中又一缤纷欢愉的佳节，节期始自复活节后第七个星期日，并贯穿随后的整整一周。

彼时莫里斯舞是节庆中的一大盛事，犹如五月节庆般流行。莎士比亚在《亨利五世》（第二幕第四场）中便借法国太子之口轻蔑地提及此事：

吾辈理应结伴同行，
巡视法兰西羸弱病态之地；
不必表现出一丝恐惧，
只当听闻英格兰
正忙于圣灵节的莫里斯舞。

与圣灵节密切相连的，还有一项传统的欢宴："圣灵节麦酒宴"。麦酒在古时英格兰极为常见，常常直接赋名于各种节庆聚会："巡回法庭宴"乃法院巡回审理时所举行，"剪羊宴"是庆祝羊毛修剪后的欢宴，"新婚宴"即婚礼欢宴，而"教堂麦酒宴"则是为庆祝教会节日而举行的盛宴。

十七世纪晚期，著名古物学家约翰·奥布里曾如此追忆道：在祖父生活的年代，圣灵节教堂麦酒宴所获钱财，足以照顾本地穷人的一年开销。"每个教区都有（或曾有过）一座'教堂屋'，里面备有烤肉用的铁叉、陶锅和各种烹饪用具。每当节庆时，村民们便相聚于此，愉快地款待宾客并踊跃捐赠；年轻男女亦前来欢聚，跳舞、玩保龄、射箭嬉戏，场面融洽而无流言纷扰。"

但在清教徒斯塔布斯（前文提及之人）看来，此类欢乐聚会却有着截然不同的面目。他愤然写道："在某些城镇，醉酒的酒神巴克斯恣意横行，每逢圣诞节、复活节或圣灵降临节等节日，教堂执事便联合全体教众，筹集十几或二十夸特的大麦，或自教堂储备中购买，或由各家教友按力所能及之数目奉献而得。这些大麦酿成极浓烈的麦酒或啤酒后，便在教堂或其他指定场所公开售卖。一旦开封启售，人们便蜂拥而至，争相抢饮，饮得最多者为荣。"

根据一些教区的古老档案记载，这些庆典所筹之款甚为可观，除了麦酒和食物的售卖所得，还有各种游戏收取的费用，包括"抽奖游戏"。邻近教区常常联手举办此类教堂野餐般的聚会。理查德·卡鲁在1602年出版的《康沃尔考察记》中说："节日之时，邻近的教区欢欣相聚，彼此慷慨共襄，尽兴欢宴。"

此外，圣灵节还是举办戏剧表演的绝佳时机。早在莎士比亚之前数个世纪，各类神迹剧与道德剧便于此节期上演，直至莎士比亚幼年，这些剧目仍颇为风行，连同“牧歌剧”及各类“露天戏剧”，正如《冬天的故事》中波狄塔所说：

来吧，拿起你的花儿：
我想我此刻正在模仿
圣灵节牧歌剧中演员的模样；

而在《维洛那二绅士》中乔装的茱莉亚也有回忆：

圣灵降临节里，
当节日欢娱戏剧纷纷登台之际，
少年们推我饰演女性角色；
我穿起茱莉亚夫人的礼服，
众人一致评说，
那衣服与我正般配，
仿佛专为我而裁制；
因此我确信她身量与我一般。
当时我极其擅长悲剧角色，
扮演亚里阿德涅，
哀叹忒修斯负心薄情；
我以真情热泪生动演绎，
令我那可怜的女主人也为之心碎；
她泪如泉涌，我甘愿以性命起誓，
我所感受到的悲伤正是她内心的痛苦！

这是莎翁早期作品之一，很可能便是他对童年时代在斯特拉福所目睹的戏剧表演的一种深情追忆。

仲夏夜

施洗约翰日前夕，也就是六月二十四日前夜，俗称“仲夏夜”，在整个英格兰都伴有别具风味的仪式。这一夜，人们纷纷涌入林间，折取树木枝条，满怀喜悦地将它们带回家中悬挂门前。据说此举源自《圣经》对施洗约翰诞生的预言：“必有许多人因他降生而欢喜”。

这夜还有另一风俗：男女老幼聚集在街头或旷地，围绕篝火载歌载舞；年轻人和孩童则依循古老习俗，跃过熊熊烈焰，并非为了炫耀敏捷身手，而仅为遵从旧俗。这些狂欢直至午夜方歇，时有延续至更深夜者。

一些古老的文献指出，这些篝火象征着施洗约翰被圣经所称的“明灯”。另有文人虽未否定此种说法，但补充道：篝火亦可驱散徘徊空中的恶龙与邪灵。一位作家甚至声称，某些地方会于篝火中投以骨头焚烧，因恶龙尤憎骨头燃烧时散发出的臭气，由此这些火堆又称“骨火”（bone-fire），即英文“篝火”（bonfire）一词的渊源。

在1575年颁布的纽卡斯尔厨师行业规章中，我们发现了这样一则记载：“并规定厨师同业公会应遵循本镇古老习俗，每年自费在‘沙丘’地区（Sand-hill）举行篝火仪式，具体为：圣约翰施洗者诞辰前夜（俗称仲夏夜）燃起一座篝火；倘若届时本镇市长及长老另有指示，则于圣彼得使徒节前夜再燃一座。”

亨利八世即位元年（1513 年）的王室账目手稿中，也记载了相似的支出项目：“七月一日，付宫廷侍童们于仲夏夜为国王燃点篝火之费用，计十先令。”

仲夏夜民间多有奇诡异闻的习俗传承：据说若有人于此夜斋戒端坐教堂门廊，便能亲眼目睹未来一年中即将亡故之人，其灵魂依序前来轻叩教堂之门。

此夜，人们还会采摘一些神秘草木，据称皆具魔力。例如蕨类植物，其种子隐伏于叶背，近乎难以察觉，若能在此夜采得，便可令持有者隐形遁迹。有些地方甚至坚信，必须在午夜时分，手持器皿而不触及植株本身，使种子自行坠落方有效验。

伊丽莎白时代作家笔下频繁提及此一传说：《亨利四世·上篇》（第二幕第一场）中，盖茨希尔便说道：“我们神不知鬼不觉地偷盗，好似入无人之境，皆因拥有蕨类种子的秘方，得以隐形。”而内侍则回应：“不，我以为，你们更该感激今夜的黑暗，而非什么蕨类种子。”本·琼森的《新客栈》（第一幕第一场）中，某角色也言：“我未带任何药方使我隐形，口袋里也无蕨类种子。”

伊丽莎白时代的小册子《朴素的帕西瓦尔》中亦记载道：“我猜想那疯狂奴才定是咬过一根蕨叶茎秆，故而行动无影无踪。”

斯科特在其 1584 年著作《巫术揭秘》中更指出，为防止巫术作祟，“可于圣约翰节经祝圣的树枝悬挂在牛棚门口”。

圣约翰草、马鞭草、景天草和芸香等，亦是仲夏夜人们采摘之物，皆因相传具有超自然的神力，每种草木皆有其特定用途。其中景天草更被人称为“仲夏之人”，它们通常被插在黏土中，置于板岩片上；翌日清晨，少女们观察植株倾斜的方向，以此判断爱人忠诚与否。此外，姑娘们还热衷于寻找所谓“煤块”，实为艾草根部的黑色干硬死根，将之置于枕下，以期梦见情郎。1586年卢普顿在《奇闻录》中写道：“人们一致肯定，每逢仲夏夜，在艾草根部发现的这种‘煤块’，能使携带者免受瘟疫、毒疮、雷击、疟疾以及火灾之害。”他还说，据称车前草的根部亦可寻到此物，卢普顿本人更声称亲自寻获，故深信不疑。

仲夏夜还被视作容易滋生疯狂的时节。《第十二夜》（第三幕第四场）中，奥丽维亚便将马伏里奥的古怪举止称作：“简直是仲夏夜的疯狂！”莎剧评论家斯蒂文斯便认为，《仲夏夜之梦》一剧之名，即源于这种仲夏季节多见狂想异行的民间联想。十六世纪后期，约翰·海伍德也提及这种说法：

三月野兔发疯尽人皆知，

仲夏的野兔岂不与三月一般狂痴？

然而，也有一种可能：莎士比亚以《仲夏夜之梦》命名此剧，乃因为该剧在仲夏节期初次上演，或剧中内容与此时节盛行的节庆剧目相契合。在此时节，仙子与精灵传说正好活跃于凡人世间，或出没于守夜之人的眼前，或翩然而入于梦乡。

圣诞节

且让我们略过一年中那些次要的节日，来到圣诞。时至今日，圣诞在英伦依然是欢宴嬉游之辰，尽管如今的圣诞已只是昔日丰美年华的清淡回忆。“如今，”正如奈特先生感慨，“圣诞真正欢乐开怀的热闹景象早已杳然不见；不同阶级的人们曾相聚一堂，宛如共侍天父的孩童；佃户自由自在地在主人大厅中言笑；劳工携全家人围坐在那宽大的橡木桌旁；圣诞柴薪在欢歌与欢呼声中隆重入室。而今，又有何处还能听见夜晚盈满颂歌与欢唱？”今日的斯特拉福虽仍能听到零星的圣诞歌谣——华威郡尚保存些许古老曲调——然而歌唱者多半粗鄙不堪，全然失却了清教徒时代之前那音乐世代的典雅风韵……。

然而我们却可以相信，在那个音乐尚未陨落的时代，有这样一位年轻的斯特拉福居民，在圣诞前夕钟声将他送入安眠后，定会欣喜地从梦境中醒转，只因家门廊外夜色寂静中隐隐传来七弦琴柔和的拨响，他聆听着重叠交织的声音，唱起质朴而庄重的歌谣：

约瑟行于静谧乡野，
忽闻天使歌声清澈，
今夜上苍降生君王，
将以凡尘罪苦担当。
他不降生高堂华宇，
亦非乐园荣华福居，
却诞生在谦卑牛栏，
圣婴于此光辉初现。

他无锦袍尊贵披肩，
更无紫衣华美荣冠，
唯以素洁白麻覆盖，
恰如凡间纯洁婴孩。
他未摇于金银摇篮，
无荣华富贵来伴，
唯以木制摇篮轻晃，
亲近大地温柔胸膛。

圣诞夜的克洛普顿宅邸

今日伦敦的街头巷尾，也许还能听见此类低廉歌谣。心怀对往昔美好之物深切眷念的人，将其小心保存了下来；但它本就属于另一个时代，属于威廉·莎士比亚的时代——那个我们口中充满迷信，却又洋溢着诗意与虔诚的时代……。

如此一夜便足以预告一个“幸福圣诞”的来临。斯特拉福的十字路口装饰着冬青、常春藤与月桂，家家户户敞开门扉，盛情款待亲朋好友；而镇上领主的庄园，则更是一片空前盛大的欢宴。纵使寒风凛冽，白雪封原，也无法阻止领主的主要佃户与挚友们齐聚克洛普顿庄园的热情。他们前往那坐落于树木掩映下、俯瞰着小镇的古老宅邸。此刻烟囱冒着浓郁炊烟，仆役们穿梭忙碌，传令官与风笛手的演奏声从大门口悠然飘来，管家引领宾客入座，宴席上人头攒动。不久，宅邸的主人与女主人，便以高雅而热情的姿态登场。野猪头在庄严肃穆中端上，酒杯欢快传递，萨克逊时代豪饮的呼喊声：“Waes-hael! ”“Drink-hael! ”此起彼伏。

或许来自英冈的佃户子弟悄悄溜出了宾客的热闹队伍——因为慈爱的管家为这少年预备了另一场欢笑。此时愚人王与他欢乐的随从正在排演着他们的诙谐台词；斯特拉福来的假面艺人正等候于门廊。他们演出的小剧只需极少的准备：一句致领主的恭维，夹杂着妙趣横生的戏谑；一番关乎古老先祖与休爵士的调侃，引发宾客轰然大笑；随后歌声与欢呼交织，愚人王终于成为宴席上真正的主人。大厅的地板被迅速腾空……接下来便是欢乐的舞蹈，直至夜幕降临宵禁将至；然后便踏着皎洁月色返回斯特拉福，而那清冷的月光无差别地洒落于克洛普顿墓穴所在的幽静教堂走廊，也映照着此刻仍有老少宾客迟迟不愿散去的庄园大厅，仿佛他们还渴望“将今夜以火炬燃亮”。

尽管以上仅是想象的画面，然而却与那个年代的真实情形丝丝入扣。无论少年莎士比亚是否以这种方式度过圣诞，我们都可以肯定，他定然曾经充分体味过这个节日里欢快与美好的滋味。

莎士比亚的戏剧中，也有一些对于圣诞的简洁提及，除了我们此前已引用过的《哈姆雷特》那段优美文字外，还有例如《爱的徒劳》（第五幕第二场）中提及的“一出圣诞喜剧”；再比如《驯悍记》引子第二幕中，醉汉史莱得知有剧目即将上演以供消遣时，竟然问道：“所谓喜剧，难道就像圣诞节里的玩笑嬉闹，或是滑稽杂耍那般？”

剪羊毛节

我们的英格兰先祖在一年中，还有一些节日并非完全与教会年历相关，然而限于篇幅，此处只能简述一二。

其中之一便是“剪羊毛节”（Sheep-shearing），此节庆之时，乡间处处宴饮欢庆，正如莎士比亚在《冬天的故事》（The Winter's Tale）中所生动描绘的那样。这节日通常在春日里举行，待到气候和暖，牧羊人便为羊群卸下厚重的冬衣，不必再忧虑夜间的寒风与霜露。约翰·戴尔（John Dyer）在其诗作《羊毛之歌》（The Fleece, 1757）中曾言及剪羊毛的适宜时节：

若接骨木初吐银色花簇，

若娇小雏菊低头轻让，

予黄艳毛茛与青葱嫩草，

则欢乐剪羊毛之时近矣。

莎士比亚时代的德雷顿（Drayton）则描绘了斯特拉福附近伊夫舍姆（Evesham）山谷的牧人欢庆场景：

牧羊之王，羊群中最早产羔者，

身披锦绶，安坐于低矮草宴。

餐桌上凝乳、乳饼与厚奶油琳琅满目，

乡野美味盈席而陈；

悠扬风笛声中，健硕欢快之牧人

举杯同饮奶酒，欢声笑语震原野；

少女们花束点缀，美丽可人，

牧人对她们高唱回旋之歌，余者齐声和应。

而在莎士比亚的《冬天的故事》中，则不见“牧羊之王”，却多了一位更富诗意的“牧羊女王”。弗尼瓦尔博士（Dr. F. J. Furnivall）曾于该剧序言中感慨道：“此剧何等生动地为我们呈现出莎士比亚与他的斯特拉福邻里们共同参与剪羊毛节与乡间运动之景象！他乐于倾听流浪货郎的俏皮闲谈与诙谐吹嘘，沉醉于华威郡少女的甜美笑靥，更热情地买下精致小礼物赠予佳人；在纯真的欢愉与自然之美中，他的心灵再次明朗澄澈！”想必莎士比亚晚年定也如少年时一般，深深沉醉于乡村庆典的闲适与欢乐之中——当年，或许父亲的牧场上也曾有羊群等候他的巧手修剪。

正如奈特先生（Mr. Knight）所言："《冬天的故事》中这一幕的诗情画意中夹杂着如此精妙的细节，足见必然是基于亲身经历；或许正是当年那个对一切细节充满好奇与敏锐观察力的少年，亲眼目睹并铭记于心的场景。他父亲的牧场与家园想必提供了所有这些真实生动的细节：父亲的佣人或许正如剧中信使般奔赴镇上，掐着算筹计算着节日宴席所需费用——'三磅糖、五磅葡萄干、米'，继而疑惑地自问：'我这位妹子要米作何用途？'剧中那位波希米亚的小丑或许并不清楚米粒与剪羊毛节有何关联，但若是华威郡的乡野牧童，提起米和葡萄干，他舌尖上立即泛起芝士蛋糕的香甜。芝士蛋糕与梨派（warden-pies）正是剪羊毛时节的珍馐佳品。"

莎士比亚显然知晓节日盛宴中的米粒用途何在，而剧中小丑毕竟不是厨师，只知蛋糕的美味，却不明白制作中究竟用到了哪些食材。

托马斯·塔瑟（Thomas Tusser）在《务农五百箴》（Five Hundred Points of Husbandry, 1557）一书中，也借牧羊人之口描绘剪羊毛节：

妻子，快备下晚宴，莫吝肉类与谷物，
多做蛋糕与薄饼，今日羊群须剪毛；
今日剪毛庆佳节，邻里亲朋别无求，
唯愿丰美佳肴，共享殷勤好客之情。

丰收庆典

自亘古以来，谷物丰收总被视为一年之中最盛大的欢庆时刻。“播种乃希望之始，收割为殷勤回报。”对那些在播种至收获间历经风雨、忧惧霜露与病虫的农人来说，圆满完成漫长劳作无疑将带来莫大的慰藉与欣喜。

保罗·亨兹纳（Paul Hentzner）在1598年写于温莎的一段话中曾言：“当我们归向旅店之时，碰巧遇见乡民们正为庆贺丰收而欢庆。他们以鲜花装饰最后一车谷物，并立一衣饰华美的人像于其上，大抵是象征丰饶女神刻瑞斯（Ceres）。他们欢呼雀跃，男女乡民载歌载舞于谷物车之上，高声呐喊着穿行街巷，直至抵达谷仓。”詹姆斯一世时期，另一位外国人莫瑞森（Moresin）也曾目睹乡民载着由谷物扎成的巨大人偶，一路欢歌鼓乐回归谷仓。

马修·史蒂文森（Matthew Stevenson）于1661年所著《十二个月》（Twelve Months）中，八月一节更生动刻画了丰收节庆：

甜蜜粥锅欢欣迎接满载谷物之车，
花冠加冕丰收队伍的领袖；
此刻田间之战酣畅落幕，
笛与鼓声乐曲欢奏；
少年少女欢腾雀跃，轻盈舞步未曾停歇。
啊，此刻何等欢愉，
邻里乡亲共享美馔佳肴，
以天地赐予之丰饶，共赞荣耀之上帝。

诗人罗伯特·赫里克（Robert Herrick）在1648年所作的《赫

斯珀里德》（Hesperides）一书中，也曾如此咏赞丰收节之美：

来吧，夏之子孙，因尔等辛勤劳作，
美酒与油脂才让吾等自在享受；
以你们粗壮之手和坚韧之劳，
我们才得以开拓沃土，割收果实。
此刻戴上金灿灿谷穗之冠，前来欢庆，
随悠扬牧笛齐唱丰收之歌！

快出门观赏吧，我的领主，
谷物之车以乡野之艺巧装点华丽；
看这里立着稻草人，女佣悬挂的床单，
洁白无暇，散发着甜美芬芳。
马匹与欢跃小狗，
身披洁白亚麻，如百合般纯净；
收割少年与少女雀跃而至，
欢呼着簇拥载谷之车。

看看谷车四周，乡野孩童齐声呐喊，
前有推挤追赶者，后有笑闹欢唱者；
有人祝福谷车，有人亲吻谷捆，
有人用橡叶装饰，有人跨越马匹，
更有人满怀虔诚，
抚摸带回家乡的麦穗。

前进吧，勇敢的少年们，
向着领主温暖炉火闪耀之处；
在那里，为取悦你们，
已摆好盛宴的基石：肥美牛肉，
更添羊羔肉、嫩牛肉，
还有丰厚饱满的腌肉，
美馔佳肴摆满桌面，
这儿是乳蛋糕，那儿是果馅饼，
更有诱人的麦粥，令人口馋。

赫里克所说的“hock-cart”（丰收车）即是载着最后一车谷物回家的车辆，亦称为“hockey-cart”，节日中特有的美味点心称为“hockey-cake”。1676 年一本历书的八月条目中写道：

丰收之车归来，欢呼声漫天；
孩童手持梅子糕，紧随谷车后。

莎士比亚戏剧中亦有对丰收节的点滴描绘。《亨利四世·上篇》中，霍茨柏形容那个前来索取战俘的花花公子时说：

他新剃净的下巴，
仿佛丰收节时，刚割过的田野，满是残茬。

《温莎的风流妇人》中，福斯塔夫谈到福特夫人，意图向她献殷勤时，则说：“那里便是我的丰收节了。”

《暴风雨》中，仙女艾丽斯 (Iris) 所引导的“割麦者之舞”，似乎也是莎士比亚对丰收节舞蹈场景的回忆：

你们这些八月里被晒黑的收割人，

从犁沟中走出来吧，享受欢愉；

让今天成为节日，戴上你们的黑麦草帽，

与这些轻盈仙女共舞乡野之舞。

莎士比亚在《十四行诗》第十二首中，虽未描绘节日的欢愉，却似以一车谷物被庄严地送归家园的仪式为意象：

当我见参天大树枝叶凋零，

昔日荫庇牧群免受夏日炎热；

如今夏日的翠绿，被束成麦捆，

被置于担架上，银须洁白……

集市与年会

在如斯特拉福这样宁静的乡镇，每周集市对少年们而言，总是充满了无限兴味。时至今日，斯特拉福每周五依旧有集市在街巷间举行，邻近乡村的人们纷纷前来采购各类物品。昔日时光中，赶集的商贾与乡民更是络绎不绝。“那农妇骑着马儿潇洒而来，马两侧篮中装满了黄油、鸡蛋、母鸡和阉鸡。农夫们守在谷物摊前；若是贫穷人家伸手探了探谷粒的成色，想要买一斗回来，那堆着满满几袋谷物的富农便会高声喊道，谷物早已售罄。在商店林立、商品琳琅满目之前，伯明翰和考文垂的商人们带来了日用品与饰品——骑马的器具，妇女的头饰，谢菲尔德出产的小刀，还有镌刻着情诗的戒指。”

莎士比亚剧作中不乏对集市的生动描述。在《爱的徒劳》中，比隆嘲笑博耶特道：

他是艺术的小贩，四处贩卖

在守夜节庆、欢饮畅饮、会议、集市、年会上他的才艺。

同一部剧中还提到一句古谚语："三个女人加一只鹅便能组成集市。"剧中科斯塔德调侃莫斯的胡言乱语——"狐狸、猿猴与蜜蜂"，最后加上鹅一只，便称"那鹅结束了集市。"

在《皆大欢喜》中，试金石嘲弄奥兰多为罗瑟琳所写的情诗，说："我要连续给你作八年的诗，不管用餐与睡眠时间。这就像奶油妇人排着队，骑马缓缓赶去集市时的节奏一般。"

《理查三世》中，格洛斯特谈到自己的野心，说要迎娶华威的幼女，却又反思道：

然而我却在马前赶路，提前计算集市之收获；

克莱伦斯仍在呼吸，爱德华仍活着并掌权，

等他们都逝去，我方可细数自己的所得。

这句话正是我们今天熟悉的谚语——"鸡蛋未孵出，先数小鸡"，意指为时过早地幻想计划已然成功。

在《亨利六世·上篇》（第三幕第二场）中，贞德（圣女贞德）与士兵伪装成赴集市贩卖谷物的乡下人，巧妙地潜入了鲁昂城：

（圣女贞德伪装登场，士兵们装扮成乡下人，背着麻袋。）

贞德：　此地便是鲁昂城门，

我们要靠巧计混进去。

切记务必谨慎言语，

学足乡下集市小贩的粗俗口气，

就像那些来卖谷物的农夫。

若能顺利入城（我深信我们能做到），

倘守卫懒散松懈，

我便以手势通知我们的援军，

好让太子查理能及时策应。

士兵甲：我们的麻袋将为攻占城池铺路，

而后，我们便是鲁昂城的主宰；

因此快敲门。（敲门）

守卫（内）：

谁呀？

贞德：　我们是来卖谷物的贫苦农夫。

守卫（开门）：　进来吧，集市的钟声已响。

贞德：　鲁昂城啊，我必将你壁垒推倒在地！

文中所提到的“集市的钟声”，正是当时宣布集市开始的钟声。

在同一剧作的第五幕第五场，当众臣议论要为将要迎娶亨利的玛格丽特支付嫁妆时，萨福克说道：

嫁妆，我的诸位大人！

别如此羞辱我们的君主，

难道他卑贱贫穷到如此地步，

为了财富，而非真挚之爱而择妻？

亨利富足足以使他的王后荣华富贵，

不需靠婚姻换取财富，

只有一文不值的农夫才会如集市贩子，

为挑牲畜般讨价还价，选个妻子。

在《亨利六世·中篇》（第五幕第二场），当凯德得意地吹嘘道：“我耐力超群，足以忍受万般苦难！” 迪克暗自揶揄：“这一点无庸置疑，我曾亲眼见他连续三个集市日都被当街鞭打。”

莎士比亚剧作中对集市、集市贩子及赶集少女等的描绘不胜枚举，此处择举数例，已足以窥见一斑。

相比每周集市，每半年举办一次的年会则更为隆重热闹。蜂拥而至的商贾买家令治安规定尤为重要，且被严格执行。镇议会给每种贸易分别划定特定的街区：生皮必须在罗瑟集市贩卖；黄油、奶酪、蜡线及水果的摊位应设于行会礼拜堂旁的十字架下；高街的一部分专属乡村屠夫们；锡器商人须在伍德街搭棚，所占场地需付每平方码四便士；当盐腌肉类还是主食之时，贩卖食盐的大车则被允许停放在罗瑟集市的十字架周围；食物贩卖者可以在指定地点设立摊位。制定这些规则是为了避免因场地争抢引起的纠纷，违者将遭受重罚。

奈特先生生动描绘道：

“在这欢快的年会时节，斯特拉福仿佛汇集了整个世界的财

集市盛景

富。不仅丰厚的珍品如酒水、蜂蜡、小麦、羊毛、麦芽、奶酪、布料与织物，甚至显赫贵族的管家也专程前来购买，还有贩夫走卒们携带的杂货——丝带、花边、细麻纱布、头巾、胸衣、香囊、饰针、布带、鞋带，应有尽有。牛羊牲畜与马匹交易甚为兴隆，商贩们不断讨价还价，信誓旦旦，更亵渎地祈求圣徒见证交易。

一位声势浩大的家伙骑马踏入年会，顿时掀起一阵骚动——原来是女王的采购官。他为女王挑选最优良的马匹，并以女王订定的价格购入，最后这些马匹或许最终被转手送至莱斯特伯爵或华威伯爵的马厩，为采购官本人带来丰厚的利润。乡下买卖者纷纷垂头丧气，但又无可奈何。然而即便没有赔偿，也能寻求安慰之处：街上挂起常春藤枝的酒馆门口，不断传来畅饮麦酒与甜酒的欢笑声。

大街小巷内，莫里斯舞者尽情跳跃，耍杂技的带着他的猴子，吟游诗人唱着悠长的谣曲。一群少年兴致勃勃地挤在最前排，听艺人们站在长凳或酒桶上唱着通俗小曲，更加聚精会神地聆听盲眼琴师或酒馆吟游者为赚取四便士而吟唱的古老故事：《托帕斯爵士的传奇》、《南安普顿的贝维斯》、《华威的盖伊》、《亚当·贝尔和森林中的克莱姆》等一系列专为大众娱乐而编写的浪漫传奇或历史韵文。一位满腹奇闻逸事、俚语妙句的大胆艺人拨动起吉特琴，年轻男女们立即围聚上来，迫不及待要跳起乡野的欢快舞蹈……

年会终了，摊位陆续拆除；那些最平民也拒绝佩戴的法定羊毛帽（因拒绝佩戴会被罚款）重新被收起；禁售的毡帽早已售罄；

各种女式饰品受到壮实的自耕农的青睐，他们急于回家博取留守妻子的欢心，宛如乔叟笔下‘巴斯之妇’的丈夫一般。耍杂技的早已收拾好杯子与球具；年会最后一场木棍格斗比赛也已落幕：

临近黄昏时分，
还有最后一场木棍比试，
狂妄的脑袋尚未开口，
便会被打破头颅；
然而，怨气于此散去，
就在啤酒或麦酒中销声匿迹。”

清晨来临，斯特拉福回归了平静，只余本镇居民的轻柔脚步声萦绕于耳畔。

莎士比亚的戏剧中，不论字面或隐喻，都对集市年会多有提及。择其数例，或可略见一斑：

《爱的徒劳》中，除了上文提到的部分外（199 页），比隆在赞美罗瑟琳时有这样一句妙喻（第四幕第三场第 235 行）：

各色美艳的风采精华，
都如赶集一般齐聚她美丽的脸颊。

在同一剧中（第五幕第二场第 2 行），公主对随从的侍女们提及收到的礼物：

亲爱的姐妹们，照此情形，
若集市礼物还如此源源不断，
离开前我们可就富足啦!

在当时，从集市上购买礼物赠予亲友的行为极为常见，以至于原本仅指“集市礼物”的词语“fairing”也泛指一般意义上的礼物，在此剧及其他剧作中屡见不鲜。

在《冬天的故事》（第四幕第三场第109行）中，小丑描述滑稽的小贩奥托利克斯说：“他经常出没于守夜节、集市和斗熊场。” 随后的第四场，我们便在剪羊毛的盛会中见到这位狡黠之徒，卖着那些乡村青年们专为讨姑娘欢心而买的丝带、手套等“集市礼物”。节日散去，他得意说道：

我已将所有货品统统售罄；
无论是假宝石、缎带、镜子、香囊、饰针、
手册、谣曲、小刀、布带、手套、鞋带、
手镯或廉价戒指，无一滞销，
他们争先恐后抢购，仿佛这些小玩意儿
都经神圣加持，能带给买家莫大福泽。

在《亨利四世·下篇》（第三幕第二场第43行），浅鲁向堂兄沉默询问：“史丹福集市上，一对上好的阉牛要卖多少钱？” 沉默回答道：“老实说，我没去过那里。” 同剧稍后的第五幕第一场（第26行），戴维询问浅鲁：“大人，您是否要扣掉威廉的一些工钱，因为前几天在欣克利集市他弄丢了一袋酒？”

《亨利八世》（第五幕第四场第73行）中，宫务大臣见围观王室游行的人群蜂拥而至，不禁惊叹道：

我的天，这人群多么浩荡！
而且人数还在不停增长，各地涌来的人
仿佛我们这里正在举办集市一般。

《李尔王》（第三幕第六场第78行）中，埃德加装疯卖傻地胡言乱语道：

“来吧，出发！去守夜节、集市和各个集镇！”

剧中多次提及的“守夜节”（wakes），原是纪念教堂奉献日的一年一度节庆，一位古代作家告诉我们，“节庆前夕，人们习惯在教堂彻夜守望直到黎明”，因而得名“守夜节”。第二天则会举行盛大的筵席及乡间娱乐活动。那时教区司库账目中常可见到“葡萄酒与糖”、“面包、葡萄酒与麦酒”等款项，用以招待“教区居民”、“歌手与唱诗孩童”等各方人士。

在这些守夜节庆典、年会或其他大型集会上，流浪小贩们摆摊设点，商人搭起临时棚屋，甚至有时直接摆在教堂墓园里，甚至安息日也不例外。教会自然对此亵渎行为予以强烈谴责，直到亨利六世时期才将此风俗彻底禁止。

斯塔布斯在他的《陋俗剖析》（1583年）一书中，对这些守夜节与五月节庆典（上文176页提及）一同猛烈抨击，尤其痛斥这些活动中的挥霍浪费：“许多穷人承担着举办这些盛宴和守夜节的开销，以致他们在相当长的时间里更加贫穷、家境更加潦倒。这毫不奇怪，因为有些人竟然在一次守夜节上花费的钱超过他整整一年所有开销之和。”

赫里克在他的《牧神集》（前文第196页所引）中，对于这些乡间节日却有着更为愉悦明朗的描绘：

来吧，安西娅，我们两个

也去赴宴，就像别人一样欢乐。
果馅饼与奶酪蛋糕、乳酪与甜点，
乡间守夜节永远不缺这些美味；
族人们齐聚此处，
玩乐本身便是今日之务。
你将看见莫里斯舞的舞者，
还有载歌载舞的玛丽安；
丑角也会登场，
做出种种滑稽模样。
演员们也不缺席，
举止与衣着同样拙劣；
可他们昂首阔步，却能取悦
那些朴实无邪的乡野之客。
……
快乐的乡间人儿，
最满足于这简朴的欢乐；
他们唯一的忧虑，
只怕来年再无守夜节的欢娱。

乡间郊游

莎士比亚的少年时光，无论娱乐还是教育，大都在田野之间度过。“严格来说，他很少纯粹地描绘风景，但他诗中处处皆是草甸、树丛、谷地、山冈、森林幽深处、河边小径的意象，这些皆是他故乡景色的映照。他的人物之中总是透出乡间劳作的影子。他将原野间所有的花草巧妙编织成诗的花环，甚至精妙园艺的微妙之处，也能被他娓娓道来。他的诗，就如大自然的造化，隐秘无迹，浑然天成。正因如此，这种与自然与乡村生活之间的亲密关系，看似随意散落，却必定源自他早年深入且精准的观察。斯特拉福简直是为这位'童年诗人'量身打造的'绿色摇篮'，万物生长于此处，静谧而美好。"

斯特拉福周边的乡村同样秀美。少年威廉自然会在郊游踏青或拜访亲戚的路途中熟悉这一切。母亲家所在的威尔姆科特村近在咫尺，父亲约翰移居斯特拉福之前居住过的斯尼特菲尔德村，以及仍在那里定居的叔父亨利，也都在步行可达的距离内。阿登森林的整个区域，"莎士比亚"这个姓氏都颇为常见，其中或许还有一些家庭与父亲约翰多少存在亲缘关系。

无论如何，精明的手套与羊毛商人约翰必定与周边农户有着广泛的生意往来，年轻的威廉也必定在与父亲同行、或自己自由漫步乡野时，深入体验了农村的生活与劳作。不然，他决不可能对农业和园艺知识如此深入，以至作品中满溢着这方面的准确细节。他进伦敦时，文学生涯尚未展开，直到人生晚年才重返故乡，仅偶尔短暂回访华威郡。他在大都会的生活，绝不可能再为其早年乡间所学增添太多新意，而他却为我们呈现了如此生动而真实的乡村景象。这些描写清新自然，饱含着他对户外生活的挚爱，从不会像弥尔顿或斯宾塞笔下的花草描绘那般，透着油灯书斋的气息。

有关莎士比亚植物学与园艺技艺的专著已汗牛充栋，学者们不约而同地强调，诗人不仅深深热爱乡村生活，而且对自然现象及当时的农艺实践有着惊人的敏锐观察。

在《理查二世》（第三幕第四场，第 29 至 66 行）中，园丁与仆人便从日常的园艺事务中领悟出治国的智慧：

园丁：“去，把那些垂挂的杏子系起来，
它们如同任性的孩童，
压弯了父亲的身躯。
给那些低垂的树枝一些支撑。
而你，宛如行刑之人，
砍掉那些疯长的枝芽，
它们在我们国家中显得太高了；
在治理中一切都必须平衡。
我则去将无用的野草拔除，
它们贪婪地吮吸养分，
却不结出任何果实。”

仆人：“为何我们在这园墙之内，
如此讲究法律、秩序与和谐，
好似微缩的国家模型，
而我们海岛国土之上，
却遍地杂草丛生，美丽的花朵被掩盖，

果树荒芜未剪，树篱破败不堪，
花圃混乱不已，益草之上虫蛾猖獗？”

园丁：“住口吧！
放任这个春天失序的人，
现在已迎来了他自身的落叶时节。
那些曾在他宽厚绿荫庇护下的野草，
貌似在蚕食他的同时又支撑着他，
现在已被博林布鲁克连根拔除；
我指的是威尔特郡伯爵、布希和格林。”

仆人：“什么，他们都死了吗？”

园丁：“他们已死去；博林布鲁克
已擒住这挥霍无度的国王。——噢，多么可惜，
他竟未如我们修剪这园子一般
来治理他的国家！
我们每年此时划伤果树的皮肤，
免得它们因树液丰盛而骄傲自毁；
若他对那些日益壮大的臣子们亦如此，
他们本可存活，他也能品尝到他们忠诚的果实。
我们修剪多余枝条，使结实的枝干生存；
若他也这样做了，他如今还可戴着王冠，

而非因荒废时日自毁王位。"

埃拉科姆先生评论此段话时指出："这个引人入胜的段落，几乎能令我们相信莎士比亚就是一名园艺师；没有任何其他段落能像此处一样，如此详细地印证他的真正职业。这说明他确实亲自实践过园艺工作，且绝非修剪枝条的新手。" 然而，这部剧作是在伦敦完成的，那时他几乎不可能接触到比少年时代在斯特拉福更多的实际园艺经验。

对于嫁接、扦插等园艺技巧，以及杂草、病虫害、霜冻等对农夫和园丁的损害，他的描述也同样精准细致。我们或许会认为，这些都是他晚年在斯特拉福新居拥有了自己的花园，并购置周围田地后，从管理实践中积累的心得；但这些细致的描写，就像《理查二世》中的这段对话一样，都出自他拥有自己花园之前，正是少年时代细致入微观察后的回忆，而非乡间绅士身份带来的经验之谈。

注释

本书各处，包括注释部分，皆尽可能避免缩略词，仅保留极少数广为人熟知的惯用缩写。凡引自莎士比亚原作的语句，均标注了剧本的幕、场及行数，以便读者或研究者随时查阅上下文。所标注的行数采用的是“环球本”（Globe Edition）莎士比亚全集的版本，仅在整场或部分为散文体的情形下，与我所用版本的行数略有不同。

注释

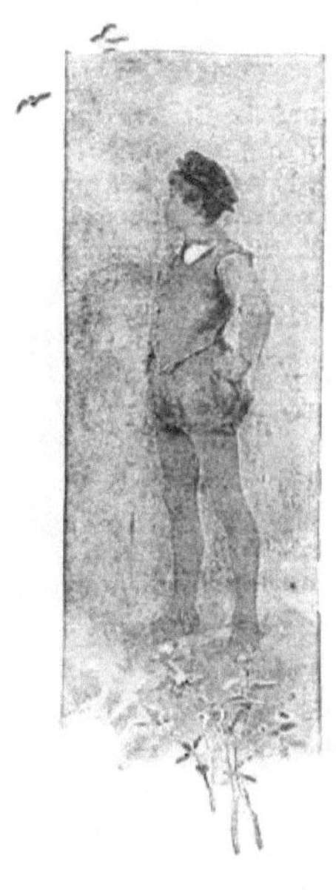

第 1 页：迈克尔·德雷顿（Michael Drayton）。1563 年生于华威郡，其个人生平资料甚少。他最著名的作品是《Poly-Olbion》（或常写作 Polyolbion），长约三万行。他在序言中称，这首诗的主题是对“大不列颠这座著名岛屿的所有区域、河流、山脉、森林等地方的地志描述，并穿插其中最卓著的故事、古迹、奇观等内容。”他的《阿金库尔之歌》（Ballad of Agincourt，参见《英语历史故事》39 页）被誉为“最完美、最具爱国精神的英国叙事歌谣”。德雷顿于 1626 年被封为桂冠诗人，1631 年去世，葬于威斯敏斯特教堂。

第 2 页：“熊之旗帜”。熊是华威伯爵家族的徽章标志。

威尔姆科特（Wilmcote）。位于埃文河畔斯特拉福（Stratford-on-Avon）以北约三英里的小村庄。该地名也写作 Wilmecote、Wilnecote；在古文献中则写作 Wilmcott、Wincott 等。莎士比亚剧作《驯悍记》（The Taming of the Shrew，序幕 2.23）

中的 Wincot，以及《亨利四世（下）》（2 Henry IV. 5.1.42）中的 Woncot，很可能指的就是此地。

达格代尔（Dugdale）。威廉·达格代尔爵士（1605－1686），英国最负盛名的古物研究学者之一。他的著作《华威郡古迹》（Antiquities of Warwickshire，1656 年出版）据称是他花费二十年勤奋研究的成果。

第 5 页：博尚（Beauchamp）。发音为"Beech'-am"。

"铜环制成的华盖"（The herse of brass hoops）。herse 一词与 hearse（灵车）同源，原义为耙子；后来演变为葬礼中支撑蜡烛的临时架子（形似耙子），通常放置在棺材上方；再后来指的是墓碑上方置于雕像之上的一种装饰性框架或笼架；最后才演变为将棺材运往墓地的灵车。在这里指的是第三种意义，即坟墓雕像上方的框架。对照本·琼森（Ben Jonson）为彭布罗克伯爵夫人所写墓志铭中的用法：

"在这黑色灵柩架之下（Underneath this sable herse）

躺着所有诗篇的主题。"等。

"嘉德勋章"（The garter）。此处的嘉德勋章显示了墓主人是一位嘉德骑士。

"贵胄幼子"（The noble Impe）。impe 一词本义为树木或植物的嫩枝或插条；后比喻为人类的后代或子孙，就如这里的用法和当时许多作家的用法。编年史作者霍林斯赫德（Holinshed）将爱德华王子称为"那位高贵的后裔"（that goodlie impe）；丘奇亚德（Churchyard）将爱德华六世称为"恩典的后裔"（that impe of grace）。富尔韦尔（Fulwell）在称呼安妮·博林（Anne Boleyn）时，将伊丽莎白一世称作“你的皇家后裔”（thy royal impe）。impe 首次用于指代年幼或小型的魔鬼时，意为“撒旦的后裔”（an imp of Satan），即撒旦之子；至于它后来如何演变为意指调皮捣蛋的小孩，这一点则留给小读者们去猜测了。

第 8 页：“褐色魔牛”（The famous "dun cow"）。据传说，这是一头“野蛮而残暴的庞大怪兽”，曾肆虐于邓斯莫尔（Dunsmore）地区。此外，盖伊（Guy）还杀死了一头“极其强壮凶猛”的野猪，以及一头“如煤炭一般漆黑”的巨龙，那头巨龙曾长期威胁诺森伯兰郡（Northumberland）。参照古老的歌谣《盖伊爵士》（Sir Guy）：

在邓斯莫尔荒原，我还杀死了
一头庞大而凶残的怪兽，
名叫邓斯莫尔荒原上的邓恩牛，
许多人都曾遭其迫害。

它的一些骨头如今仍
在华威陈列，
向前来看的人展示着，
奇妙的奇观一览无余。

我还在诺森伯兰
杀死了一条龙，

它侵害人类牲畜，

令整个乡间深受其害。

第 11 页：罗伯特·莱恩汉姆先生（Master Robert Laneham）。他是一位英国商人，后来成为莱斯特伯爵议事厅的守门人。他以书信形式撰写了一篇描述伊丽莎白女王访问肯尼尔沃思（Kenilworth）时盛况的文章，后来被刊印成册。他也是司各特小说《肯尼尔沃思》（Kenilworth）中的人物之一。

第 12 页：“实乃英伦一绝”（The most beautiful in the kingdom）。英国民间流传着这样一个故事：两名英国人曾打赌，究竟哪一条道路是全英格兰最美的。一人认为从斯特拉福到考文垂的道路最美，另一人则称从考文垂到斯特拉福的道路最美。但裁判如何决出胜负，却没有留下记录。

第 14 页：“剧场”等（Theatres, etc.）。第 14 页对面的插图展示了达格代尔（Dugdale）所提及的可移动戏台之一；同时也展现了丁尼生（Tennyson）在《戈黛娃》（Godiva）一诗中所描述的“三座高耸尖塔”中的两座。近处为圣迈克尔教堂（St. Michael's），据称为英格兰最大的堂区教堂，塔尖高达 303 英尺。远处为圣三一教堂（Trinity Church），其塔尖为 237 英尺。

“制帽匠”（The Cappers），即制帽工匠。

第 16 页：“希律王”（King Herod）。朗费罗（Longfellow）在其作品《黄金传说》（Golden Legend）中引用了一出圣迹剧《圣诞》（The Nativity），剧中的希律王便如同古老戏剧中的那样狂妄自大、张牙舞爪。年轻读者们可通过朗费罗对此的模仿，更好地了解这些剧作的风格。

第 17 页：“这些古老剧目”（Other allusions to these old plays）。例如：《第十二夜》（Twelfth Night）第 4 幕第 2 场第 134 行，《亨利四世（下）》（2 Henry IV）第 3 幕第 2 场第 343 行，《理查三世》（Richard III）第 3 幕第 1 场第 82 行，《哈姆雷特》（Hamlet）第 3 幕第 4 场第 98 行等，并可参阅我所编的注释。

第 18 页：“戈黛娃夫人传奇”（The legend of Godiva）。参阅丁尼生的诗作《戈黛娃》（Godiva）。

第20页：“福尔曼博士”（Dr. Forman）。西蒙·福尔曼（Simon Forman，1552 – 1611），英国著名占星家和江湖医生，著有多本书籍，并留下一本日记，其中详细记载了他在 1610 年 4 月 20 日（星期六）于环球剧场（the Globe）观看莎士比亚的《麦克白》（Macbeth）剧作的经历与剧情概要，参见我编的《麦克白》注释第 9 页。

第 22 页：托马斯·露西爵士（Sir Thomas Lucy）的头像取自查尔科特（Charlecote）教堂内他的纪念碑雕像。

第 23 页：“一株垂柳，斜倚溪流之上”（A willow grows aslant a brook）。参见《哈姆雷特》（Hamlet）第 4 幕第 7 场第 165 行。一些莎士比亚版本依早期四开本写作“ascaunt the brook”，含义相同。这种柳树（银柳，Salix alba）常生长在埃文河（Avon）河畔，由于土壤松软，树根常无法牢牢抓地，故树干时常倾斜向溪流。

第 24 页：《皆大欢喜》（As You Like It）中被流放的公爵等，参见该剧第 2 幕第 1 场第 1 至 18 行。

“他的少女们唱着‘蓝脉紫罗兰’”（His maidens ever sing of "blue-veined violets," etc.）。莎士比亚作品中对这些花卉均有提及：“蓝脉紫罗兰”见于《维纳斯与阿多尼斯》（Venus and Adonis）第 125 行；“杂色雏菊”（daisies pied）和“银白仕女花”（lady-smocks all silver-white）见于《爱的徒劳》（Love's Labour's Lost）第 5 幕第 2 场第 904-905 行；“三色堇”（pansies）则见于《哈姆雷特》（Hamlet）第 4 幕第 5 场第 176 行。

第 26 页：“伍斯特主教之领地”（A manor of the Bishop of Worcester）。在封建制度下，庄园（manor）是土地所有者（领主）拥有的地产，其上一般建有村庄，村民通常为领主的农奴（villeins）。农奴分为两种：“随土地转让的农奴”（villeins regardant），即附属于庄园，随土地的继承或转让而转移，不得单独出售或转让；另一种则是“人身所属的农奴”（villeins in gross），他们属于领主本人，领主可随意出售或转让。所谓 bordarii（小农户）、bordars 或 cottagers（农舍居民）则主要与农奴的区别在于，他们占有的土地较少。关于农奴的杂役服务和生活状况，见后续页面内容。

第 32 页：“唱经堂”（A chantry）。为纪念死者而捐资建立的教堂或小礼拜堂，其拥有地产或收入，用以供养一名或多名神父，每日为捐资人或指定人士的灵魂唱经、举行弥撒。参见《亨利五世》（Henry V）第 4 幕第 1 场第 318 行：

“我建造了两座唱经堂，悲伤而庄重的神父们在其中，日日为理查德的灵魂吟唱。”

第39页：“把她告上治安会”（Present her at the leet），即因她使用普通石制水罐，而非依法加盖官印、标注为法定容量的夸脱酒壶，而向法庭投诉。

“牢固的浸鸭凳”（A substantial ducking-stool）。浸鸭凳（ducking-stool）在英国部分地区用于惩罚争吵不休的妇女，直至18世纪末期才逐渐废止。一位约1780年左右的古物学家曾记载，他在剑桥的马格达伦桥（Magdalen Bridge）亲眼见过该刑具的使用场景：“椅子由绳索吊挂在桥中央的一根横梁上；妇人被绑缚在椅子上后，连续三次被浸入水中再拉起……这把浸鸭凳平日悬挂在那里，其背板上刻着描绘魔鬼惩罚泼妇的图案。后来，该椅子被一把新椅子取代，上面刻绘着同样的图案，且经过精心涂绘与装饰。”

第40页：“射箭靶场”（Butts），专门用于射箭练习的场地，butts本义即为靶子。

第44页：“牲畜围栏”（Pinfold）。莎士比亚在《维洛那二绅士》（The Two Gentlemen of Verona）第1幕第1场第114行使用了该词：“我指的是牲畜栏，一个围栏”（I mean the pound—a pinfold）；在《李尔王》（King Lear）第2幕第2场第9行也提及：“在利普斯伯里的牲畜栏”（in Lipsbury pinfold）。该词来源于将走失的牲畜关（pin）入围栏的动作。

第45页：“这条巷道”（One wagon tract）。这里的tract

即 track（轨迹、路径），但 tract 在这个含义上现已过时，不再使用。

第 49 页：“据信是威廉·莎士比亚诞生之地”（In which William Shakespeare was probably born）。我们虽无确切证据，但已知约翰·莎士比亚（John Shakespeare）在 1552 年居住于亨利街（Henley Street），且在 1590 年以前拥有了这栋房屋。此处作为莎士比亚诞生地的传统说法历史悠久，且从未被推翻。著名的莎学研究者哈利维尔-菲利普斯先生（Halliwell-Phillipps）指出：“毫无疑问，自有记载或可能获得记载的最早时期起，斯特拉福就将此地认定为莎士比亚的出生地”，并认为这一传统基本上是可靠的。

第 51 页的插图，以及第 57 页的插图，均展示了这些老房子内部的情形。传统上莎士比亚诞生的房间位于房屋二楼正面左侧（按英国人的习惯称呼为“一楼”），如第 49 页插图所示。

另一幅插图则是莎士比亚妻子安妮·哈撒韦（Anne Hathaway）位于肖特里（Shottery）故居的室内景象。值得注意的是，其中巨大的老式壁炉十分典型，甚至有人能像图中的妇女一样，真正坐在“壁炉一角”。铁炉箅则为现代添加之物。

第 52 页：“新居”（New Place）。休·克洛普顿爵士（Sir Hugh Clopton）于 1496 年提到他所建的宅邸，称其为“我的大宅”，在接下来两个世纪中，这座宅子在斯特拉福镇通常被称为“新居”（New Place）。莎士比亚于 1597 年以 60 英镑购入该宅，对于一处如此规模的房产，这个价格并不高。但在爱德华六世时期的一份文献中，曾记载这所房屋“长期处于严重的破败和失修状态”，莎士比亚买下时可能正处于废弃失修的境地。这所宅子于1563年被克洛普顿家族出售，1567年转到威廉·安德希尔（William Underhill）手中，后由该家族一直持有，直至莎士比亚购买。莎士比亚在遗嘱中将房产留给女儿苏珊娜（Susanna），后者嫁给了约翰·霍尔医生(Dr. John Hall)，可能一直居住于此直至1649年去世，她去世时已守寡14年。这座宅邸后来由苏珊娜的女儿伊丽莎白继承，她先后嫁给托马斯·纳什（Thomas Nash）和托马斯·巴纳德爵士(Sir Thomas Barnard)。1675年房屋再次出售，最终被克洛普顿家族回购。18世纪初，约翰·克洛普顿爵士（Sir John Clopton)重建了这座宅邸，之后由另一位休·克洛普顿居住。他于1751年去世，1756年该房产卖给了弗朗西斯·加斯特雷尔牧师（Rev. Francis Gastrell），加斯特雷尔与当地政府就房屋税务发生冲突，1759年他将房屋拆除。此前一年（1758年），他砍掉了莎士比亚亲手种植的桑树，据传是为了避免接待来访的游客，这引发了当地人的强烈不满。哈利维尔-菲利普斯先生（Halliwell-Phillipps）记载，一位老居民告诉他，他的父亲在少年时期曾“参与砸坏加斯特雷尔家的窗户，以报复砍树之仇”。不过，也有人认为这位牧师受到了些许不公正的对待。戴维斯（Davies）在《加里克传》（Life of Garrick，1780年）中指出，加斯特雷尔不喜欢那棵树是“因为树荫遮挡了窗户，使他觉得房屋容易潮湿阴冷。” 另有证据显示，当时已有150年树龄的桑树树干部分出现腐朽迹象。加斯特雷尔显然并非对树木的文学意义毫不在意，因为他本人保留了树木的一些遗物，他的遗孀于1778年将其中一件赠送给了利奇菲尔德博物馆（Lichfield Museum）。1786年的博物馆目录描述这一展品为："一段横截的树干，来自莎士比亚在斯特拉福亲手种植的桑树。"

第53页："威廉·哈里森"（William Harrison）。哈里森是一位英国牧师，生平资料不多，仅知他出生于伦敦，后来成为埃塞克斯郡（Essex）拉德温特（Radwinter）的教区牧师及温莎（Windsor）教堂的教士，撰写了《不列颠与英格兰概述》（Description of Britaine and England）等历史著作，可能于1592年去世。他所著述的关于16世纪英格兰社会状况及民俗习惯的详细记载，具有极为重要的史料价值。

第54页："以灯芯草铺地"（Strewn with rushes）。莎士比亚作品中多次提及这一细节。在《驯悍记》（The Taming of the Shrew，第4幕第1场第48行）中，彼特鲁乔（Petruchio）回家时，葛鲁米奥（Grumio）询问："晚餐准备好了么？房子收拾好了么？灯芯草铺好了么？蜘蛛网打扫干净了么？"参见《罗密欧与朱丽叶》（Romeo and Juliet，第1幕第4场第36行）："用脚跟轻触无知觉的灯芯草"；《辛白林》（Cymbeline，第2幕第2场第13行）："我们的塔奎恩（Tarquin）这样轻柔地踏过灯芯草"。

第56页："托马斯·科里亚特"（Thomas Coryat）。1577年出生，受教于牛津大学，以其徒步穿越欧洲大陆的旅行而著称。1608年，他徒步旅行经过法国、德国、意大利等地，"共行走

1975 英里，其中一半以上只穿一双鞋完成，这双鞋只修补过一次，返回时被挂在奥德库姆（Odcombe）教堂。” 他将此次旅程的经历写成《科里亚特五个月匆匆游记》(Coryat's Crudities hastily gobled up in five months' Travels in France）等著作。他在希腊、埃及和印度探索之后，于 1617 年在印度苏拉特（Surat）去世。

“布伦”（Bullein）。威廉·布伦（William Bullein 或 Bulleyn），约出生于 1500 年，著名医师兼植物学家。他撰写的《健康治理》（Government of Health）在当时十分流行。他还著有其他医学著作，1576 年去世。

第 58 页：“他的《忧郁症之剖析》”（His Anatomy of Melancholy）。此书由罗伯特·伯顿（Robert Burton，1577 – 1640）所著，以博学精深闻名，塞缪尔·约翰逊博士（Dr. Johnson）曾评价：“这是唯一一本能让我提前两个小时起床阅读的书。”

第 61 页：“弗朗西斯·西格尔”（Francis Seager）。关于他的个人历史，与休·罗兹（Hugh Rhodes）一样，几乎没有任何重要资料。

第 62 页：“然后需躬身行礼”（He is then to make low curtsy）。莎士比亚时代，这种礼仪男女通用。参见《亨利四世（下）》（2 Henry IV，第 2 幕第 1 场第 135 行）：“一个男人若只是行礼却不说话，他仍算有礼貌的”；该剧尾声也有提及：“首先是我的畏惧，然后是我的礼貌，最后是我的讲话。”如今此词拼写作 curtsy。

第 63 页：“葛缕子”（Caraways）。此词在莎士比亚作品中出现过一次（《亨利四世（下）》第5幕第3场第3行："一碟葛缕子"），其含义可能与此处相同，不过也有观点认为此处可能是指一种苹果。

第64页："言辞温和"（Treatably）。即温和地、顺从地（tractably）。参见马斯顿（Marston）剧作《随你所愿》(What You Will）第2幕第1场："不要太快，说得温和些。"

"不高不低"（Much forder）。在早期作家笔下，字母d与th时常互换使用，例如fadom与fathom（寻）、murder与murther（谋杀）等。

第66页："无可挑剔之处"（To charge thee with than）。莎士比亚的《卢克丽丝受辱记》（Lucrece）第1440行曾使用than代替then，并与ran和began押韵。然而，在早期莎士比亚及同时代作家的版本中，than通常指then（那时）。

"务须痛绝"（Utterly detest）。意为detested（厌恶的）。早期作家在以d或t（te）结尾的动词分词中，常省略-ed。参见培根（Bacon）随笔第16篇："Their means are less exhaust"（他们的资源较少耗尽）；第38篇："They have degenerate"（他们已堕落）。另见莎士比亚《理查三世》（Richard III）第3幕第7场第179行："For first was he contract to Lady Lucy"（因为他先与露西小姐订婚）。

第69页："愚人船"（The Ship of Fools）。这本书是由亚历山大·巴克莱（Alexander Barclay）于1508年翻译并改编自塞巴斯蒂安·勃兰特（Sebastian Brandt）的德文讽刺作品《愚人船》

（Narrenschiff，1494 年）。巴克莱是一位牛津大学出身的英国牧师，先后在英国几个教区担任牧师，去世前数周被任命为伦敦朗伯德街诸圣堂（All Saints, Lombard Street）的教区牧师，于 1552 年以高龄去世。《愚人船》是第一本提及新大陆的英文书籍。

斯特拉特（Strutt）。约瑟夫·斯特拉特（Joseph Strutt，1742 - 1802）是英国著名的古物学家，撰写了多部颇有价值的文献，特别是关于英国社会风俗和娱乐活动的作品。他的重要著作《英国人民的运动与娱乐》（Sports and Pastimes of the People of England）于 1801 年首次出版。

第 71 页：“泰勒水上诗人”（Taylor the Water Poet）。约翰·泰勒（John Taylor，1580 - 1654）曾为伦敦的摆渡人，后来负责伦敦的酒税征收工作。他创作了大量散文和诗歌作品，在当时颇受欢迎。

第 72 页：“约翰·琼斯医生”（Dr. John Jones）。琼斯是一名医生，曾在英国的巴斯（Bath）和巴克斯顿（Buxton）行医，于 1556 至 1579 年间撰写了多部医学著作。

第 73 页：“没作品未再明晰提及此戏”。有些评论家认为《驯悍记》（The Taming of the Shrew，第 1 幕第 1 场第 58 行）中可能有关于国际象棋“逼和”（stale-mate）的双关语：“To make a stale of me among these mates”，但这点存在争议。

第 76 页：“揪掐捉弄诉难忘”（She was pinch'd）。这里的“她”（she）是指示性的，指的是同伴中的某个女孩（这位少女）；下文中的“他”（he）也类似地表示“那位男子”。这里的修士（Friar）即童话传说中的“鲁什修士”（Friar Rush），米尔顿在此似乎将之与“提灯杰克”（Jack-o'-the-Lantern）或“鬼火”（Will-o'-the-Wisp）相混淆，即沼泽地中时有出现的神秘光点。然而，据凯特利（Keightley）指出，“鲁什修士”是出没于房屋中的精灵，与“提灯杰克”并非同一种。

第 77 页：“入榻听风伴清梦”（To bed they creep）。指人们在听了有关仙子和小精灵的故事后，心中稍有迟疑而害怕地爬上床睡觉。

“忙碌的小妖精”（The drudging goblin）。指的是罗宾·古德费洛（Robin Goodfellow），即莎士比亚作品中的“帕克”（Puck）。参见《仲夏夜之梦》（A Midsummer-Night's Dream，第 2 幕第 1 场第 40 行）：“那些称你为霍布戈布林（Hobgoblin）和可爱的帕克的，你替他们干活，他们就会走运。”

查尔斯·奈特（Charles Knight，1791 – 1873）。英国著名出版商兼作家，莎士比亚研究领域的重要编辑与传记作家。

第 78 页：“威廉·佩因特”（William Painter）。约 1537 年生于英国，约 1594 年去世。1554 年在剑桥大学学习，1561 年被任命为伦敦塔军械局文书。1566 年，他出版了《欢乐宫殿》（The Palace of Pleasure）的第一卷，其中收录了 60 个改编自拉丁文、法文和意大利文的故事；1567 年出版了第二卷，收录了 34 个故事，后来版本再增加 6 个，总计 100 个故事。这部故事集是莎士比亚和其他伊丽莎白时代剧作家的重要灵感来源。

第 79 页：“纳博讷的吉莱塔”（Giletta of Narbonne）。莎士

比亚剧作《终成眷属》(All's Well that Ends Well) 所改编的故事。

“罗马事迹” (Gesta Romanorum) 。这是 13 世纪末至 14 世纪初编纂的一部拉丁语故事集，流传广泛并多次被翻译和重印。《威尼斯商人》 (The Merchant of Venice) 中的 “匣子” 和 “契约” 两个故事的原型即来自其中；故事 “狄奥多西与他的女儿们” (Theodosius and his daughters) 与《李尔王》 (King Lear) 情节相似，尽管莎士比亚并未直接采用这个版本。

第 80 页： “黎明的号手” (The trumpet to the morn) 。这里的 “小号” (trumpet) 指宣布黎明到来的号声。莎士比亚作品中多次如此使用，比如《亨利五世》 (Henry V，第 4 幕第 2 场第 61 行) ： “我将从小号手那里取过旗帜。”

“飘忽不定、迷途的” (Extravagant and erring) 。这两个词在这里保留了词源意义： “漂泊的” 、 “漫游的” 。Extravagant 的字面意思是 “越界漫游的” 。

第 81 页： “阿登森林” (Arden) 。历史上在英格兰华威郡和法国东北部都存在名为 “阿登” 的森林。德雷顿 (Drayton) 在其作品《玛蒂尔达》 (Matilda，1594 年) 中曾提到： “甜美阿登的夜莺” 。

“舞蹈所形成的仙环” (The ringlets of their dance) 。这里指神话中仙女在草地上跳舞留下的 “仙女环” (fairy rings) 。在莎士比亚《暴风雨》 (The Tempest，第 5 幕第 1 场第 37 行) 中，普洛斯彼罗 (Prospero) 提到： “你们这些小精灵，借着月光在草地上制造了酸涩的绿色圆圈，连母羊都不会去啃食。” 格雷博士（Dr. Grey）注释道：“这些仙女环的草长得比周围的草更高、更酸涩，也更加翠绿。” 长期以来，它们的成因一直是个谜，现在科学已经证明是由一种蘑菇或真菌（agaricum）在扩散过程中产生，其腐败分解使土地更肥沃。

“啜饮蜜蜂的花蜜”（Who tasted the honey-bag of the bee）。这里提及的仙子故事皆取自莎士比亚的《仲夏夜之梦》片段。“Cankers”指害虫（canker-worms），莎士比亚经常如此使用。

“荒野之中”（A laund）。指森林中的一片空地。参见《亨利六世（下）》（3 Henry VI，第 3 幕第 1 场第 2 行）：“因为鹿群很快会穿过这片林中空地。”现代英语中的“lawn”（草坪）即由此演变而来。

第 82 页：“身披洁白麻衣之人，又如何能驾驭大地、水域与天空之中的神灵。”（Who had command over the spirits）。如同《暴风雨》中的普洛斯彼罗一样。

“马鞭草与莳萝”（Vervain and dill）。这两种植物在巫术中被广泛使用，但也被视作对抗巫术的保护物。马鞭草曾被称为“魔法师的植物”，据奥布里（Aubrey）所述，它可以“阻止女巫施展其意志”；德雷顿则称其为“对抗巫术大有功效”。

第 83 页：图片所示为斯特拉福教堂古老的圣洗池，直至 17 世纪中期仍在使用，莎士比亚应是在此受洗。

第 84 页：“约翰·斯托”（John Stow，1525－1604）。著名英国古物学家及历史学家，他的《伦敦调查》(Survey of London, 1598 年）是研究伦敦历史的重要权威著作。

“记录他们降生”（The calendars of their nativity）。指《错误的喜剧》中同时出生的两对双胞胎。类似地，叙拉古的安提福勒斯（Antipholus）称德洛米奥（Dromio）为“我出生的历书”。

第 86 页： Wote。意思是“确知”，通常写作 wot。它是古英语动词 wit（意为“知道”）的第一人称和第三人称单数现在时形式。Unweeting（即 unwitting）表示“不知道的”或“无意识的”，也来自同一动词。

第 88 页： 托马斯·拉普顿（Thomas Lupton）。除《千项奇闻》（Thousand Notable Things）外，他还著有数本书籍，其中包括医疗配方、故事等内容。他的个人生平鲜为人知。

罗伯特·赫伦（Robert Heron）。苏格兰作家（1764－1807），著有旅行、地理、历史等方面的作品。

Warlocks。被认为与魔鬼结盟的人，即巫师或男巫。

第 89 页： Beshrew。本意为轻微的诅咒，但常用于开玩笑或幽默的语境中。与现代用法中 confound（原意为“毁灭”）的幽默用法类似，如莎士比亚的《威尼斯商人》（iii. 2. 271）：“如此贪婪急迫地要毁了一个人”（So keen and greedy to confound a man）。

第 90 页： Astrologaster。全书的完整书名为《星相大师，或曰算命先生：抑或无术占星家和算命人的控诉》(The Astrologaster, or the Figurecaster: Rather the Arraignment of Artless Astrologers and Fortune Tellers）。

以下形式。这种三角形的拼写方式还有其他变体，但这种被认为法力最强。可以从不同的方向阅读，例如沿每行读到末尾后，再沿右边向上读等。一位古代作家在说明如何写成这种三角形之后补充道：“将纸折叠起来，以便隐藏文字，再用白线缝成十字架的形状。将此护身符用亚麻带子系在胸前佩戴九天。然后，在日出之前一言不发地走到朝东流动的溪流边，将护身符从脖子上取下，背对溪流抛入水中。如果打开或读了里面的内容，法术将失效。”这种方法被认为特别能治愈热病，“尤其是间日疟和半三日疟”。

第92页：托马斯·洛奇（Thomas Lodge）。约1556年出生，1625年去世，创作有戏剧、小说、诗歌、翻译作品等。他的小说《罗莎琳德》（Rosalynde，1590年）为莎士比亚的《皆大欢喜》（As You Like It）提供了故事原型。

罗伯特·格林（Robert Greene，1560－1592）。他是当时颇受欢迎的剧作家、小说家和诗人。他在死后出版的《一点点智慧的代价》（Groatsworth of Wit，1592年）中攻击刚刚崭露头角的莎士比亚为“一只自负的暴发户乌鸦”，认为他自以为是唯一能“震撼戏剧界”（Shake-scene）的人物。莎士比亚后来将格林的小说《潘多斯托》（Pandosto，即后来的Dorastus and Fawnia）改编成《冬天的故事》（The Winter’s Tale）。

韦伯斯特的《白魔》（Webster’s White Devil）。约翰·韦伯斯特（John Webster）17世纪初活跃于英国文坛，以悲剧作品著称，其中《白魔鬼》（The White Devil，1612年）被认为是他的代表作之一。其个人生平鲜有史料可考。

第 93 页：伯顿，《忧郁的解剖》(Burton, Anatomy of Melancholy)。参见本书第 57 页。

雷金纳德·斯科特（Reginald Scot）。1599 年去世，主要以著作《巫术揭秘》（Discoverie of Witchcraft）著称，本书已提及其主要内容。

维鲁斯（Wierus）。德国医生韦尔（Weier）的拉丁化名字，他于 1563 年出版了著作《论魔鬼的诡计》(De Præstigiis Demonum)，反对当时普遍存在的魔法和巫术信仰。

我们推测莎士比亚曾读过斯科特的作品。无论如何，可以肯定的是，他曾读过塞缪尔·哈斯内特博士（Dr. Samuel Harsnet, 1561 – 1631）于 1603 年出版的《天主教徒驱魔骗局大揭秘》（Declaration of Egregious Popish Impostures），莎士比亚从中取了《李尔王》（Lear, iii. 4）中几个魔鬼的名字。

第 98 页：亨利·皮彻姆（Henry Peacham）。“一位旅行导师、音乐家、画家及作家”，著有绘画教程、礼仪、教育等方面的书籍。他的父亲与他同名，也是一名作家，某些书籍的作者是父亲还是儿子，目前尚有争议。

罗杰·阿斯卡姆（Roger Ascham, 1515 – 1568）。著名的古典学者及作家。他曾任伊丽莎白一世的家庭教师（1548 – 1550），后来担任玛丽一世和伊丽莎白一世的拉丁语秘书（1553 – 1568）。他的主要作品包括《箭术爱好者》（Toxophilus, 1545）和《校长》（Scholemaster, 参见本书第 115 页）。

第 99 页：Took on him as a conjurer。意为“自诩为巫医”。

对照莎士比亚《亨利四世（下）》（2 Henry IV. iv. 1. 60）中："我并非在此假装为医生"（I take not on me here as a physician）。

第 100 页： Who could speak Latin（通晓拉丁语）。拉丁语作为教会语言，在驱魔仪式中使用。参见《哈姆雷特》（Hamlet, i. 1. 42）中，鬼魂出现时马塞勒斯对贺拉旭说："你是读书人，对它说话吧！"（Thou art a scholar; speak to it, Horatio.）又如《无事生非》（Much Ado About Nothing，ii. 1. 264）中班尼迪克嘲讽贝特丽丝如同"地狱中的厄里斯（Ate）"后说："但愿有个读书人来念咒镇住她！"（I would to God some scholar would conjure her!）再如博蒙特与弗莱彻（Beaumont and Fletcher）的《夜行者》（The Night-Walker，ii. 1）：

叫管家上来吧，他会拉丁文，

这能吓住魔鬼。

第 101 页： Transparent horn（透明牛角薄片）。用来保护纸张，正如第 101 页沈斯通（Shenstone）所述。角质书（Horn-book）尺寸确实很小，第 100 页插图与真实尺寸一致。哈利维尔-菲利普斯先生（Mr. Halliwell-Phillipps）展示的一件角质书尺寸大致相同。参见钱伯斯的《日历书》（Chambers' s Book of Days），第一卷，第 46 页。

第 102 页： 沈斯通（Shenstone）。威廉·沈斯通（William Shenstone，1714－1763），曾就读于牛津大学彭布罗克学院（Pembroke College）。他最著名的作品是《女教师》（The Schoolmistress）。

文法学校室内（修复前）

第 104 页：“后来加盖的现代天花板早已拆除”现代的灰泥天花板等。这种天花板近年来已被移除。修复之前的外观如插图所示（来自奈特的《莎士比亚传》）。

Sententiæ Pueriles。直译为“供男孩使用的句子”或“儿童格言选”。

休·伊文斯爵士（Sir Hugh Evans）。爵士（Sir）这一称谓相当于拉丁语中的 dominus（先生），当时也用来称呼牧师。例如，《皆大欢喜》（As You Like It，iii. 3）中的乡间牧师名为“奥利弗·马特克斯爵士”（Sir Oliver Martext）。在《第十二夜》

（Twelfth Night，iii. 4. 298）中，维奥拉（Viola）也说道："我宁愿与爵士牧师同行，也不愿与爵士骑士同行。"（I had rather go with sir priest than sir knight.）

'Od's nouns。可能是"上帝之伤"（God's wounds）的讹误形式，也可缩写为 Swounds 和 Zounds。同类表达还有"'od's heartlings"、"'od's pity"等等。奎克利夫人（Dame Quickly）混淆了'od 与 odd 的用法。

第 105 页：Articles（冠词）。伊文斯爵士在这里把冠词当作了"指示代词"使用。这表明之前提及的那本莎士比亚初次学习拉丁语的语法书（哈利维尔-菲利普斯等学者亦如此认为）中的一些基础内容，完全与 1574 年出版的一本英文写成的拉丁语语法书中的表述一致。此书名为《语法入门简编》（A Short Introduction of Grammar），专为"所有意图掌握拉丁语的学习者"编写。以下摘录自 1651 年牛津版（哈佛大学图书馆收藏一本，似乎是埃兹拉·斯泰尔斯（Ezra Stiles）校长年幼时所学的版本）。书中（第 3 页）关于"冠词"一节写道：

"冠词取自于代词，其变格如下：

Singulariter.（单数）

Nomin. hic, hæc, hoc.

Genetivo hujus.

Dativo huic.Acc. hunc, hanc, hoc.

Vocativo caret.

Ablativo hoc, hac, hec.

Pluraliter（复数）.

Nomin. hi, hæ, hæc.

Gen. horum, harum, horum.

Dativo his.

Accus. hos, has, hæc.

Vocativo caret.

Ablativo his."

注意，这里的格名与莎士比亚剧中一样采用拉丁文。他可能就使用过此书。

第 106 页： Hang-hog is Latin for Bacon（Hang-hog 在拉丁语里意为培根）。此说法源于在腌制猪肉过程中将肉悬挂晾干（hanging）的习惯。流传一个关于法官尼古拉斯·培根爵士（哲学家培根之父）的故事：某次他即将判决一名罪犯，该罪犯却以亲缘关系求饶。“请告诉我，”法官说，“你与我何以有亲缘关系？”罪犯答：“阁下的名字是培根，我的姓氏是猪（Hog），自古以来，猪与培根本是一家，难舍难分。”法官则答道：“不错，但你我只有在你被悬挂（即绞刑）之后才可能成为亲戚；因为猪（Hog）只有挂起来晾干了才算培根（Bacon）。”

Leave your prabbles。即 leave your brabbles。“brabble”原意为争吵或吵闹，如《第十二夜》（Twelfth Night，v. 1. 68）：“我们是在私人争吵中逮捕他的。”（In private brabble did we apprehend him.）伊文斯爵士在此随意地使用这个词，指责奎克利

夫人的不断插话和批评。

O!—vocativo, O!（哦！ 呼格，哦！）男孩犹豫了一下，试图回想起拉丁语中的呼格，但伊文斯爵士提醒他拉丁语里呼格缺失（caret）。caret 在奎克利夫人听来像 carrot（胡萝卜）。而此处的“O”则来自于语法书范例中呼格名词前经常加的感叹词“O”，在上述《语法入门简编》中亦如此，如第一变格法的范例：“Vocativo ô musa”；第二变格法的范例：“Vocativo ô magister”，等等。

威廉·利利（William Lilly，也拼作 Lily），上述拉丁语语法书的作者，约 1468 年出生，1523 年去世。他是一位杰出的学者，也是伦敦圣保罗学校（St. Paul's School）的首任校长。他的语法书（拉丁文撰写）名为《语法入门简编：拉丁语语法要领》（Brevissima Institutio, seu, Ratio Grammatices cognoscendæ, ad omnium puerorum utilitatem præscripta）。此书共发行了三百多个版本，据艾利本（Allibone）记载，其中最晚的版本发行于 1817 年。（顺便一提，艾利本给出的书名不准确且有语法错误。）哈佛图书馆所藏 1651 年版的《语法入门简编》即与利利的《语法》合订成册，这两本书均由利利撰写。

You must be preeches。即“You must be breeched”，意为“你必须受罚（鞭打）”。对照《驯悍记》（The Taming of the Shrew, iii. 1. 18），比安卡（Bianca）对老师们说：“我可不是学校里需要挨打的学生。”（I am no breeching scholar in the schools.）

Sprag。即 sprack，意思为“活泼的、敏捷的”。该词为苏格兰方言和英格兰地方用语，司各特在《威弗利》（Waverley）第43章中也曾使用：“这所有欢快而活泼（sprack）的庆典与欢乐。”

第107页：来自泰伦斯（Terence）的一段话。戏剧和语法书中均作：“Redime te captum quam queas minimo.”原拉丁语文本为：“Quid agas, nisi ut te redimas captum”，意为“你还能怎样，只能尽可能低代价地赎回自己。”

第108页：理查德·马尔卡斯特（Richard Mulcaster）。诗人斯宾塞（Spenser）曾于1568年在商人泰勒学校（Merchant-Taylors School）师从于他（参见丘奇（Church）所著“英国文人”（English Men of Letters）系列中的《斯宾塞传》）。1596年，马尔卡斯特成为伦敦圣保罗学校（St. Paul's School）的校长。他于1611年去世。这里引用的书名为《初阶基础……关于英语正确书写》（The First Part of the Elementarie ... of the Right Writing of our English Tung）。然而，从文中所给出的马尔卡斯特“正确书写”的示例来看，他的理论要优于实际书写水平。希望他的口头表达不像他的书面表达那样冗杂难解。

Correctors for the print（校对者）。此处所指是负责为出版物校正手稿的人，还是指校对印刷样张的人，目前尚有争议，但前者的可能性较大。一些人认为伊丽莎白时代没有校对的概念，但同一版本书籍（例如1623年出版的莎士比亚《第一对开本》）中出现的文本差异，证明了印刷过程中确曾存在过文本校正。此外，作者有时也会亲自进行校对。在比顿（Beeton）的《智慧的意志》（Will of Wit，1599 年）一书末尾就附有这样的说明：“印刷中逃过校正的错误，请谨慎查找，并体谅作者因其他事务无法亲自照顾印刷事宜。”

Rip up。即“分析”、“剖析”。

第 109 页： The natural English（英语为母语的人）。指的是在英国本土出生和成长的人。

Will not yield flat to theirs（不会完全遵从他们的规则）。意思是不会完全照搬他们的语言或书写标准。

第 110 页： Bewrayeth（表明、标出）。参见《圣经·箴言》（Proverbs）27:16，《马太福音》（Matthew）26:73。

Enfranchisement（赋予权利）。此处显然指的是对外来词汇的“归化”，即使其符合英语的拼写与使用习惯。

Prerogative, etc.（特权等）。这一段初看起来有些晦涩，但其核心意思是：通用习惯或约定俗成的用法可以解决一些原本可能存在争议的语言问题。

Likes the pen（适合写作）。与哈姆雷特（Hamlet）ii. 2. 80 中的“it likes us well”（这很适合我们），《亨利五世》（Henry V）iii. 序幕 32 中的“The offer likes not”（这提议不合适）用法相同。

Particularities（特殊之处）。指的是独特之处或特有的特点。

Which either cannot understand, etc.（那些无法理解或不愿理解的人）。此处的关系代词 which 相当于现代英语中的 who，指代前面的 many（许多人）。这种用法在莎士比亚时代很常见。

例如，《暴风雨》（The Tempest）iii. 1. 6：“The mistress which I serve”（我所侍奉的女主人）。

Or cannot entend to understand, etc.（或无法意图去理解）。Entend 是 intend（意图、打算）的古旧形式，但这里作者的用法略有特殊，字典中未见此种确切用法。句子意思似乎是，这些“普通人”要么一眼看不懂某条规则，要么即使花费精力去理解，也因缺乏足够的时间或智力（conceit）而最终放弃。“Conceit”在莎士比亚时代意为智力或理解力。例如，《亨利四世（下）》（2 Henry IV）ii. 4. 263：“他机智吗？……他的脑子还没一把木槌多呢。”（there's no more conceit in him than is in a mallet.）

约翰·布林斯利（John Brinsley）。他于 1601 年担任阿什比-德拉祖什（Ashby-de-la-Zouche）语法学校校长，并任职长达 16 年。他的著作全名是《文学游戏，或语法学校》(Ludus Literarius, or the Grammar Schoole，1612）。他的英语表达比马尔卡斯特（Mulcaster）清晰得多，年轻读者理解这里引用的段落不会有困难。

Proceed in learning（继续学习）。即在离开语法学校后继续接受教育。

第 112 页：Present correction（当众惩戒）。present 在古语中有“立即”的意思，例如《亨利四世（下）》（2 Henry IV）iv. 3. 80：“Send Colevile with his confederates to York, to present execution.”（把科尔维尔及其同伙送往约克，立即处决。）

Countervail（抵消、补偿）。

第 114 页：威利斯（Willis）。我们对这位“R. 威利斯”的了解完全来自他的自传，书名为《他泊山，或一个忏悔罪人的私下修炼》（Mount Tabor, or Private Exercises of a Penitent Sinner），发表于他 75 岁时，即公元 1639 年。他同样出现在后面第 161 页中被引用。

第 115 页：他对学校与学生时代的描述（His references to schoolboys）。我们或许不应该过于看重这些引用。对“哭哭啼啼的学生”的描述来自于讽刺家雅克（Jaques）的著名“人生七阶段”演讲，而雅克对人生每个阶段的描述都是带着冷嘲热讽的口吻。此外，其它一些句子也只是提到了学生普遍不喜欢上学的俗见而已。

第 115 页：托马斯·塔瑟（Thomas Tusser，约 1527 年 – 1580 年）。英国诗人和农业作家，除了《一百条农业要诀》(One Hundred Points of Good Husbandry，1557）外，他还著有《五百条农业与家务要诀》（Five Hundred Points of Good Husbandry, United to as Many of Good Wiferie，1570）。塔瑟曾在牛津大学就读，后进入王室服役十年，随后定居农场，终老于此。

莎士比亚在作品中少有提到学校生活的场景，等等。参见上文第 227 页中关于“You must be preeches”的解释。此外，《无事生非》（Much Ado About Nothing）ii. 1. 228 也有类似表达：

唐·佩德罗：“挨打？他犯了什么错？”

本尼迪克：“典型的学生式错误。”

第 119 页：A sanctuary against fear（躲避恐惧的庇护所）。

此处典故指的是罪犯可以进入某些圣地庇护，免于逮捕。例如威斯敏斯特教堂（Westminster Abbey）周围曾有一个这样的庇护所，修道院解散后其庇护权利仍延续到 1602 年（仅限债务人）。参照《理查三世》（Richard III）ii. 4. 66，伊丽莎白王后所言："来吧，我的孩子，我们去庇护所吧。"

第 124 页：蒙眼捉迷藏（Hoodman-blind）。莎士比亚的《终成眷属》（All's Well that Ends Well）第四幕第三场第 136 行中，当帕罗勒斯（Parolles）被蒙上眼睛带到战友面前，而他误以为自己被敌人俘虏时，其中一人旁白道："蒙眼人来了。"

掷木戏（Loggats）。作者提到自己四十多年前在阿默斯特学院（Amherst College）时，这个游戏叫"loggerheads"；除此之外，他未在其他地方见过或听说过这种游戏。

第 129 页：亚历山大·巴克莱（Alexander Barclay）。参见前文第 69 页的注释。

埃德蒙·沃勒（Edmund Waller，1605－1687）。英国诗人，长期议会议员，后因卷入保皇党阴谋而流亡国外，克伦威尔时期返回英国，复辟后在宫廷中受到欢迎。

第 130 页："the caitch"（手球游戏）。Catch 是网球（tennis）的另一种称谓。Palle-malle 或 pall-mall（读作 pel-mel）是一种球类游戏，玩家用木槌击打木球，通过球道尽头的铁环。这项运动过去常在伦敦圣詹姆斯公园（St. James's Park）举行，并因此得名了伦敦的 Pall Mall 大街。

第 131 页：巴特勒主教（Bishop Butler）。约瑟夫·巴特勒

(Joseph Butler，1692－1752)，布里斯托（Bristol）主教，后任达勒姆（Durham）主教，以《宗教类比论》（Analogy of Religion, 1736）闻名于世。

吉福德（William Gifford，1757－1826）。英国文学评论家、讽刺诗人，1809 至 1824 年担任《季度评论》（Quarterly Review）的主编。

第 133 页：马尔卡斯特（Mulcaster）。参见前文第 106 页的注释。

第 136 页：1575 年肯尼尔沃思（Kenilworth）的庆典。参见前文第 13 页。

第 138 页：柴郡（Cheshire）某地。此处所讲的故事通常被认为发生在柴郡的康格尔顿（Congleton），但当地现代居民否认此说法。文中提及的另一个地方是约克郡的埃克尔斯菲尔德（Ecclesfield），关于后者典当《圣经》的说法，作者未见有人提出异议。

第 139 页：巴黎花园（Paris-garden）。此地在《亨利八世》（Henry VIII）第五幕第四场第 2 行中被提及，当时宫廷庭院门卫对嘈杂的人群喊道："你们这些无赖，很快就要闭嘴了！难道你们以为宫廷是'教区花园'（Parish-garden）吗？" Parish-garden 是 Paris-garden 的俗语读法，该地以喧闹和混乱闻名。

第 141 页：科利特院长（Dean Colet）。约翰·科利特（John Colet，1456－1519），1505 年任伦敦圣保罗教堂院长，圣保罗

学校（St. Paul's School）由他于 1512 年创立。

第 142 页：托马斯·莫尔爵士（Sir Thomas More）。著名的英国作家和政治家，1473 年出生，1535 年被处决于伦敦塔山丘（Tower Hill）。

第 143 页：No planets strike（无凶星作祟）。此处指行星对人无有害影响，暗指占星术。

No fairy takes（精灵不戏弄）。Takes 在此意为“损害”或“施法害人”。参见莎士比亚《温莎的风流妇人》（The Merry Wives of Windsor），第四幕第四场第 32 行：“blasts the tree and takes the cattle”（摧毁树木，伤害牛群）。

第 145 页：It irks me（于心不忍）。意为使我烦恼或不舒服。

Fool（傻瓜）一词有时用作亲切或怜悯的称呼。参见莎士比亚《冬天的故事》（The Winter's Tale）第二幕第一场第 18 行，赫敏（Hermione）对被她的冤屈而伤心的侍女们说：“别哭了，可怜的小傻瓜们！”

The forked heads（分叉的头部）。此处指箭头。阿斯卡姆（Ascham）在他的《箭术》（Toxophilus）中提到过此类箭头。

A poor sequester'd stag（一头可怜牡鹿）。意思是与群体分离的鹿。

第 149 页：贝恩斯教授（Professor Baynes）。托马斯·斯宾塞·贝恩斯（Thomas Spencer Baynes，1823－1887），苏格兰圣安德鲁斯大学（University of St. Andrews）的英国文学教授，并担任《大英百科全书》第九版的主编。

The vaward of the day（黎明初上时）。即前锋，指清晨时分。参见《科里奥兰纳斯》(Coriolanus) 第一幕第六场第 53 行："Their bands i' the vaward"（他们的队伍在前锋）。

第 150 页：Such gallant chiding（此般壮美鸣吠）。Chide 本意常为持续发出响亮声音。参见《皆大欢喜》（As You Like It）第二幕第一场第 7 行："And churlish chiding of the winter's wind"（冬日寒风的粗暴呼啸）；《亨利八世》（Henry VIII）第三幕第二场第 197 行："As doth a rock against the chiding flood"（如同岩石迎对汹涌的流水）。

So flew'd, so sanded（颈垂皮如帖撒利公牛一般）。指猎犬的外貌特征。

Like bells（层层钟鸣）。即如同成套的钟声悦耳动听。

第 152 页：Tender well（好生照料）。意为妥善照顾。

Emboss'd（累的气喘吁吁）。猎人用语，形容猎犬因剧烈奔跑而口吐白沫。

Brach（猎犬）。原指母猎犬，后泛指某类专门追踪气味的猎犬。

In the coldest fault（气息最弱处）。即猎犬最难找到猎物踪迹的时候。参见下文第 150 页引用的莎士比亚《维纳斯与阿多尼斯》（Venus and Adonis）中的"the cold fault"。

He cried upon it at the merest loss（在最微弱的踪迹处，它也会叫个不停）。Mere 古意为完全的或彻底的。参见《奥赛罗》(Othello) 第二幕第二场第 3 行："the mere perdition of the Turkish fleet”（土耳其舰队的完全覆灭）；《亨利八世》（Henry VIII）第三幕第二场第 329 行：“the mere undoing of the kingdom”（国家的彻底毁灭）。

莎士比亚早年的作品（A youthful Work of Shakespeare's）。该作品首次出版于 1593 年，当时他 29 岁。一些评论家认为可能更早一些，也许在他前往伦敦之前就已创作完成。

第 154 页：Glisters（闪耀）。即 glistens（发光）。莎士比亚和弥尔顿经常使用 glister，而不用 glisten。

Told the steps（清点每个步伐）。即计算步数的意思。比较《冬天的故事》(The Winter's Tale) 第四幕第四场第 185 行：“He sings several tunes faster than you'll tell money.”（他唱曲子的速度，比你数钱还快。）银行的出纳员（teller）之所以叫 teller，也是因为他从事数钱的工作。

第 156 页：The hairs, who wave（如轻柔羽翼般翻飞摆动）。莎士比亚时代常用 who 来代替现代英语中的 which，反之亦然（参见前文第 108 页注释）。

It yearn'd my heart（我的心如何酸楚难言）。此处的 yearn 意为使悲伤或痛苦。比较《亨利五世》（Henry V）第四幕第三场第 26 行：“It yearns me not when men my garments wear.”（当别人穿着我的衣服时，我并不难过。）

第 157 页：Jauncing（策马鞭笞）。意为骑马快跑。

Musits（小洞）。指栅栏或树篱上的小洞，供动物钻过。该词也写作 muset，是已经废弃不用的词 muse 的指小形式，含义相同。Amaze 在此意为使困惑、迷失方向。

Wat（兔子的俗称）。 Wat 是对兔子的一个常见昵称，类似于 Reynard 代表狐狸。

第 160 页：该插图是 1575 年乔治·特伯维尔（George Turbervile 或 Turberville，约 1520 – 1595 年）所著《猎鹰术》（The Booke of Falconrie）中的插图摹本。特伯维尔是一位英国诗人、翻译家和狩猎、猎鹰方面的作家。

第 164 页：约翰·斯凯尔顿（John Skelton）。 英国学者和诗人，亨利七世的宠臣，亨利八世的老师。约 1460 年出生，约 1529 年去世。“他以犀利的才智和古怪的性格成为一本《趣味故事集》（merry tales）的主人公。”

Some in their horse（有人骑在马上，热衷骏马）。 此处的 horse 指的是复数“horses”。莎士比亚时代，以 s 结尾的名词复数和所有格，常常不再加额外音节。比较《约翰王》（King John）第二幕第一场第 289 行：“Sits on his horse back at mine hostess' door”（他骑马坐在女主人的门口）；《威尼斯商人》（Merchant of Venice）第四幕第一场第 255 行：“Are there balance here to weigh the flesh?”（这里有天平称量肉吗？）等。

第 165 页：威廉·肯普跳莫里斯舞（William Kemp dancing the Morris）。 坎普是伊丽莎白女王统治晚期颇受欢迎的喜剧演员。他曾在莎士比亚和本·琼森（Ben Jonson）的一些戏剧首次上演时担任角色。1599 年，他从伦敦一路跳着莫里斯舞到诺维奇，并于次年出版了一本描述此次壮举的小册子，名为《九日奇观》

（The Nine daies wonder）。本页插图即为该小册子封面的摹本，描绘了坎普及其随从风笛手汤姆（Tom the Piper），后者在演奏风笛与小鼓。他们花了四周时间完成这趟旅程，其中跳舞用了九天。在切姆斯福德（Chelmsford），聚集的人群之多使他们整整花了一小时才穿过人群抵达住处。在此城镇，“一名年仅十四岁的少女”曾向坎普挑战，在“一间宽敞的大房间”里与他跳莫里斯舞长达一小时，最后他“几乎筋疲力尽地倒下”。另一次，一位“健壮的乡村姑娘”想与他一较高下，“一路欢快地跳到梅尔福德（Melford），足足一英里长”。在伯里（Bury）与塞特福德（Thetford）之间，他在三小时内完成了十英里的舞蹈路程。沿途的路况常常很差，且跳舞常因沿途人们的热情款待或纠缠而中断。抵达诺维奇后，他作为贵宾受到该城市市长的热烈接待。

第 172 页：相当于我们的 5 月 3 日（Corresponded to our 3d of May）。新旧历法（Old Style 和 New Style）的差异，以及公历（Gregorian Calendar，即新历）在英国迟至 1752 年才被采纳（比欧洲大陆的天主教国家晚了近两百年），常导致 16 至 18 世纪的历史学家、传记作者和其他作家对日期产生混乱。例如，经常有人认为莎士比亚和西班牙戏剧家塞万提斯同一天（1616 年 4 月 23 日）去世，但由于西班牙于 1582 年即采用新历，实际莎士比亚比塞万提斯晚去世十天。若确定莎士比亚出生于 1564 年 4 月 23 日，我们现在应于 5 月 3 日庆祝他的生日。但因我们无法确切知道他的生日，而 4 月 23 日已被广泛认可为纪念日，也就无特别理由更改了。

理查德·约翰逊（Richard Johnson）。生于1573年，约1659年去世。他最著名的作品是《基督教七勇士传奇》（Famous History of the Seven Champions of Christendom），书中所述的七勇士分别是：英国的圣乔治、法国的圣丹尼斯、西班牙的圣詹姆斯、意大利的圣安东尼、苏格兰的圣安德鲁、爱尔兰的圣帕特里克和威尔士的圣大卫。

第173页：A. H. 沃尔先生（Mr. A. H. Wall）。斯特拉福镇（Stratford-on-Avon）的莎士比亚纪念图书馆前任馆长，撰写过许多关于莎士比亚和华威郡的学术文章。

第174页：小炮（Chambers）。在1613年6月29日伦敦环球剧院（Globe Theatre）失火的多篇记载中，都提到了这种火炮。当时剧院正在上演莎士比亚的《亨利八世》，火灾就因发射小炮而引发。约翰·钱伯兰（John Chamberlain）在致拉尔夫·温伍德爵士（Sir Ralph Winwood）的信中写道，这场大火是由"一阵小炮的齐射引起的"；托马斯·洛金（Thomas Lorkin）在1613年6月底写给托马斯·帕克林爵士（Sir Thomas Puckering）的信中也提到："就在昨天，伯贝奇（Burbage）的剧团在环球剧院表演《亨利八世》时，庆祝场景中发射了一些小炮，结果引燃了火灾。"另一则记载指出，这些火炮是在剧中亨利国王抵达沃尔西枢机主教宅邸时发射的；《亨利八世》（第四幕第一场）原始的舞台说明也特别注明："国王进入枢机主教宅邸观看假面舞会时，发射小炮。"

第175页：安布罗斯·达德利（Ambrose Dudley）。约1530-

年出生，伊丽莎白女王登基后被封为华威伯爵 (Earl of Warwick)，1589 年去世。

第 176 页：小笼房 (The Cage) 。 这栋房屋位于福桥街 (Fore Bridge Street) 的街角 (参见第 42 页地图) 。托马斯 · 奎尼 (Thomas Quiney) 与莎士比亚的女儿朱迪思结婚后曾在此居住。“这栋房屋早已翻新，仅存古老建筑的一些粗壮横梁，用来支撑地窖上方的楼板。” (哈利韦尔-菲利普斯)

第 177 页：托马斯 · 布朗爵士 (Sir Thomas Browne, 1605 – 1682) 。 著名的医生和作家，主要著作包括《医生的宗教》 (Religio Medici，1643 年) 和《通俗谬误》 (Vulgar Errors, 1646 年) 等。

约翰 · 萨克林爵士 (Sir John Suckling，1609 年 2 月 10 日受洗，约 1642 年在巴黎自杀身亡) 。 查理一世宫廷的保皇派诗人，著有多部戏剧，但最为人熟知的是他的短诗，尤其是著名的《婚礼歌谣》 (Ballad upon a Wedding) 。

第 178 页：艾萨克 · 沃尔顿 (Izaak Walton，1593 – 1683) 。英国文学经典《钓鱼大全》 (The Complete Angler，1653 年) 的作者，还著有约翰 · 邓恩、胡克、赫伯特等著名神学家的传记。

第 184 页：华纳的《英格兰纪事》(Warner's Albion's England) 。威廉 · 华纳 (William Warner，约 1558 – 1609) 所著的一部关于英国历史的韵文作品 (1586 年出版) 。他还于 1595 年翻译了拉丁剧作家普劳图斯 (Plautus) 的《孪生兄弟》 (Menæchmi) ，莎士比亚的《错误的喜剧》 (Comedy of Errors) 即改编自此剧。

第 186 页：浅蓝短袍（Watchet-colored）。一种浅蓝色。比较斯宾塞（Spenser）的《仙后》（Faerie Queene）第三卷第四篇第 40 节："Their watchet mantles frindgd with silver rownd"（他们淡蓝色的斗篷镶着银边）。

像一个狂野的莫里斯舞者（Like a wild Morisco）。指跳莫里斯舞（morris-dance）的人。引自莎士比亚《亨利六世（下）》（第二部）第三幕第一场第 365 行：

我曾见过他像狂野的莫里斯舞者一样直立着跳跃，
摇晃着带血的飞镖，
就像他身上的铃铛一样。

第 187 页：身姿轻盈（The featliest of dancers）。指舞姿最娴熟的人。比较《冬天的故事》第四幕第四场第 176 行："She dances featly"（她跳舞很灵巧）；以及《暴风雨》（The Tempest）第一幕第二场第 380 行："Foot it featly"（轻巧地跳起来）等。

这位美妙诗句的作者——威廉·布朗（William Browne, 1591－约 1643）。1613 年出版《不列颠的牧歌》（Britannia's Pastorals）第一卷，还著有《牧人的笛子》（The Shepherd's Pipe, 1614 年）及其他诗作。

雕刻牧钩（A carved hook）。即牧羊人手中的弯杖（牧杖）。莎士比亚在《冬天的故事》第四幕第四场第 431 行称之为"sheep-hook"（牧羊杖），scrip 则是牧羊人用来装东西的袋子或背包。比较《皆大欢喜》（As You Like It）第三幕第二场第 171 行，丑角试金石对科林说："Come, shepherd, let us make an honourable retreat; though not with bag and baggage, yet with scrip and scrippage.” （来吧，牧羊人，我们光荣地撤退吧；虽然没有携带所有行李，但带上袋子和背包。）

第 189 页：约翰·奥布里（John Aubrey，1626－1697）。除协助安东尼·伍德（Anthony Wood）完成《牛津古迹》(Antiquities of Oxford，1674 年）外，还著有《杂记》（Miscellanies），收录了一些短篇故事和其他有关超自然现象的传说。

清教徒斯塔布斯（The Puritan Stubbes）。关于菲利普·斯塔布斯（Philip Stubbes）的生平，现存记载很少，只知他曾受教于牛津大学和剑桥大学，后来成为一名严格的清教徒，除著名的《罪恶剖析》（Anatomie of Abuses）外，还著有其他若干书籍。

理查德·卡鲁（Richard Carew，1555－1620）。英国诗人和古物研究者，曾担任康沃尔郡（Cornwall）的高级治安官。

第 190 页：露天戏剧（Pageants）。莎士比亚时代，这个词通常指各种剧场表演。

饰演女性角色（Play the woman's part）。17 世纪中叶之前，戏剧中的女性角色一般由男孩或青年男子扮演。塞缪尔·佩皮斯（Samuel Pepys）在 1660 年 1 月 3 日的日记中记载：“前往剧院观看了《乞丐的刷子》（Beggar's Brush），演得非常出色；这是我第一次看到女性登台表演。”同年 2 月 12 日，他再次记录观看《傲慢的女士》（The Scornful Lady），并补充道：“现在由女人扮演，使这出戏比我以往看过的任何时候都好。”

她泪如泉涌（Made her weep a-good）。即充分地、痛快地哭泣。

心碎（Passioning）。哀伤、悲叹。比较《维纳斯与阿多尼斯》(Venus and Adonis) 第 1059 行："Dumbly she passions"（她无言地悲伤）等。

第 193 页：约翰·海伍德（John Heywood，约 1500 – 1580）。英国剧作家、讽刺诗人。他创作的幕间剧（interludes）"为英国喜剧铺平了道路"，剧中的人物不再仅仅代表抽象的美德或恶习，而具有一定个性。他最著名的作品是《四个 P》（The Four P's，约 1543 至 1547 年间印行），其中的主角包括朝圣者（Palmer）、赎罪券贩卖者（Pardoner）、药剂师（Potecary，apothecary 的旧称）和小贩（Pedlar）。朝圣者指前往圣地朝圣并带回棕榈枝的人，赎罪券贩卖者则持有教皇许可证，售卖赎罪券。

第 194 页：尽管如今的圣诞已不是……（No night is now...）。引自莎士比亚《仲夏夜之梦》（A Midsummer-Night's Dream），第二幕第一场第 102 行。

高堂华宇（Housen）。house 的古复数形式，类似于 oxen（牛）的复数。

第 196 页：Waes-hael。盎格鲁-撒克逊语，意为"祝你健康（Be hale）"，相当于"为你的健康干杯！"Wassail 即由此演变而来，后来不仅指这种祝酒语，也指节日宴会及宴会上饮用的热辣啤酒。

英冈的佃户（The tenant of Ingon）。奈特（Knight）在 50 多年前写下此段时，认为 1570 年在斯特拉福附近汉普顿·露西教区（Hampton Lucy）经营“英冈”（Ingon 或 Ington）农场的约翰・莎士比亚是剧作家的父亲；但实际上，这个人是华威郡许多莎士比亚家族成员之一（参见下文第 207 页），根据汉普顿・露西教区登记，他于 1589 年 9 月 25 日下葬。而剧作家的父亲则一直活到 1601 年 9 月，其葬礼于同年 9 月 8 日登记。另有一名约翰・莎士比亚，是鞋匠，约 1584 年至 1594 年居住于斯特拉福，城镇记录中通常称他为“shumaker”（鞋匠）、“corvizer”（同义的旧词）或“cordionarius”（拉丁语词汇），但偶尔只记录为“John Shakspere”，过去曾误以为他与剧作家的父亲是同一人。

愚人王（The Lord of Misrule）。圣诞节期间负责组织娱乐活动的人，统领节日期间为期十二天的庆祝活动。斯托（Stow）在《伦敦概览》（见上文第 82 页）中提到：“每逢圣诞节，无论国王驻于何处，他的宫廷中都有一位愚人王或欢乐总管；每位贵族，无论是教士还是俗世人士，家中亦如此。”清教徒斯塔布斯（见上文第 185 页）则严厉批评此习俗：“首先，教区所有不务正业之人聚集，选出一位大队长（恶作剧的首领），尊称他为愚人王，并庄严地为他加冕，奉他为王。这位受膏的王从其同类中选出二十人、四十人、六十人或百名强壮而贪吃的追随者，伺候并守护他的高贵之躯。他赐予每人绿色、黄色或其他鲜艳放荡色彩的制服……他们备有木马、龙以及其他滑稽角色，还有下流的吹笛手与喧嚣的鼓手，以伴奏魔鬼的舞蹈……如此进入教堂（即便牧师正在祷告或布道），在教堂内挥舞手帕、跳舞狂欢，吵闹不堪，宛如魔鬼转世，令人无法听见自己的声音……随后在教堂周围、墓地上搭建起夏日大厅、凉亭、藤架和宴会厅，整日整夜地尽情吃喝跳舞。这些人间狂魔就是这样度过他们的主日的。”他还提到人们提供金钱、食物、酒水以支持狂欢，“但倘若他们知道每次为这种可恶的娱乐活动捐助，都是在向魔鬼撒旦献祭，定会后悔并收回施舍——愿上帝让他们明白这一点。”剑桥大学的清教徒也曾在詹姆斯一世时期抨击学院中的愚人王活动，认为这不符合宗教教育的要求，并视之为异教遗风。在苏格兰，早在 1555 年，“荒诞修道院长”（愚人王在当地的称呼）及其他庆典角色便被法律禁止。托马斯·富勒（Thomas Fuller, 1608 – 1681）在其著作《逆境中的善念》（Good Thoughts in Worse Times，1647 年）中记载：“约六十年前，剑桥大学各学院负责人曾严肃讨论，是否要禁止学生在圣诞节期间享有的自由，因为这与学生的纪律不符。然而一些睿智的管理者提到这种自由的好处，因为通过这十二天，他们可以比过去整整十二个月更清楚地了解学生的个性。”

已故的克洛普顿（The Clopton who is gone）。威廉·克洛普顿（William Clopton），他的坟墓位于斯特拉福教堂北侧通道内。他是莎士比亚少年时期认识的另一位威廉·克洛普顿之父，后者住在克洛普顿宅邸（Clopton House），该宅位于斯特拉福不到两英里外的韦尔科姆山丘（Welcombe Hills）山顶，现今仍然存在，虽经过多次翻修。据说宅邸最初四周有护城河环绕，就如《一报还一报》（Measure for Measure）中所描述的“有护城河环绕的农庄”。

克洛普顿家族纪念碑

彻夜火把庆典(To burn this nig 狂欢领主 ht with torches)。即延长庆典时间。引自《安东尼与克莉奥佩特拉》(Antony and Cleopatra)第四幕第二场第41行。

第197页：约翰·戴尔(John Dyer, 1700－1758)。英国诗人，著有《格龙格尔山》(Grongar Hill, 1727年)、《罗马废墟》(The Ruins of Rome, 1740年)等作品。

第198页：乳饼(Flawns)。一种卡仕达派(蛋奶派)。对比本·琼森(Ben Jonson)的《悲伤的牧羊女》(Sad Shepherdess)，第一幕第二场：

尽情享用你们的奶酪蛋糕、凝乳与凝脂奶油，

还有你们的果泥蛋奶甜点(fools)和乳饼(flawns)……

这里的fools也是一种蛋奶甜点，通常以水果和打发的奶油制成。"醋栗奶油蛋奶甜点"(gooseberry fool)至今仍是英国一种传统甜品。

第199页：节日宴席所需费用(The cost of the sheep-shearing feast)。奈特先生(Mr. Knight)这里稍有小误。剧中小丑去买庆典用品时，边走边估算羊毛的收入。他说："让我算算，每十一只阉公羊能产一托德(tod)的羊毛(一托德约合28磅)；每托德能卖一英镑多一点。总共剪了一千五百只羊，这些羊毛能值多少钱呢？"在徒劳地尝试计算后，他无奈地说："我不用算筹(counter)就算不清楚。"于是放弃了这个问题，转而思考要为妹妹买什么："我想想，剪羊毛庆典我要买些什么？三磅糖，五磅葡萄干，还有米——我妹妹要米做什么？但父亲让她主持庆典，她却很认真。她已经为剪羊毛的工人准备了二十四束花——他们都是三人组合的歌手，唱得很好，不过大部分是中音（means）和低音（bases）。其中有个清教徒，居然用号笛曲调唱赞美诗。我还得买藏红花给梨子派（warden pies）上色；豆蔻、枣子——不行，这不在我的清单里；肉豆蔻，七个；一两根姜（a race or two of ginger）——但这个可以讨来；四磅西梅，还有四磅太阳晒干的葡萄干（raisins o' the sun）。”

Three-man songmen：三人唱的轮唱歌手。

Means：男中音。

Warden pies：用一种称作 warden 的大型梨子做的派，通常烤熟后食用。

Race of ginger：一小块生姜根茎。

Raisins o' the sun：日晒干的葡萄干。

第 200 页：保罗·亨兹纳（Paul Hentzner，1558－1623）。西里西亚人，著有《德、法、意等国之旅》。

马修·史蒂文森（Matthew Stevenson）。曾在 1654 年至 1673 年间出版多部散文与诗作。

furmenty 锅（The furmenty-pot）。furmenty 是 frumenty 的讹写（见第 197 页），源自拉丁文 frumentum（意为“小麦”）。这种去壳小麦用牛奶煮熟并加调料，是当时英国流行的菜肴，在现今的农村地区依旧流行。

罗伯特·赫里克（Robert Herrick，1591－1674）。英国抒情诗人，最重要的作品是诗集《赫斯珀里得斯》（Hesperides）。

1876年由格罗萨特先生（Mr. Grosart）编辑出版了其诗作全集。

第201页：女佣（A mawkin）。厨房丫头或女佣。这是malkin的拟音拼写，莎士比亚在《科利奥兰纳斯》（Coriolanus）第二幕第一场第224行写作“厨房丫头（kitchen malkin）”。比较丁尼生（Tennyson）《公主》（The Princess）第五章第25节：

这若是他——不然你便是个邋遢的厨房女佣（mawkin），

在泥浆里照顾满身鬃毛的猪群。

这里意指女猪倌。

打扮一番（Prank them up）。盛装打扮。

fill-horse。fill是thill（车辕）的旧称，莎士比亚和同时代作家都曾使用过，现今在英格兰已废弃，但在新英格兰仍在使用。Cross指在马身上画十字以祈福。

第203页：谢菲尔德出产的小刀（Sheffield whittles）。在谢菲尔德生产的刀具。乔叟（Chaucer）的《坎特伯雷故事集》（3931行）提到过“Shefeld thwitel”（谢菲尔德小刀）。比较莎士比亚《雅典的泰门》（Timon of Athens）第五幕第一场第173行：“那不守规矩的军营里连一把小刀（whittle）都没有……”

镌刻着情诗的戒指（Rings with posies）。内侧镌刻文字或格言的戒指。Posy与poesy同义，莎士比亚《哈姆雷特》（Hamlet）第三幕第二场第162行：“这是开场白，还是戒指里的铭文（poesy）？”16世纪中叶至17世纪末，这种铭文戒指十分流行。1624年曾出版一本书，名为《爱的花环，或戒指、手帕与手套的铭文》（Love's Garland, or Posies for Rings, Handkerchiefs, and

Gloves）。

第 206 页：连续三个集市日都被当街鞭打（Whipped three market-days）。因为犯了某种小错而受此惩罚。

蜡线（Wick-yarn）。用于制造油灯灯芯。当时广泛使用，约五十年前鲸油还用于家庭照明时，此物在美国仍很常见。

第 208 页：织物（Napery）。尤指桌布、餐巾等家庭用亚麻织物。

Inkles, caddises, coifs, stomachers, pomanders 等物品。这些都是莎士比亚《冬天的故事》（The Winter's Tale）第四幕第四场中小贩奥托利科斯（Autolycus）携带的商品（见下文第 204 页）。Caddises：精纺毛织带或花边；Inkles：一种亚麻或棉质的窄织带；Pomanders：装有香料的小球，挂在颈部或口袋，作为香料装饰或防疫用品。

常春藤枝（The ivy-bush）。一簇常春藤过去是卖酒人的标志。参见第 183 页的莫里斯舞（Morris-Dance）插图。英语谚语"好酒不怕巷子深"（Good wine needs no bush）即出自此意，莎士比亚在《皆大欢喜》（As You Like It）第五幕尾声中亦用此语。加斯科因（Gascoigne）在《政府之镜》（Glass of Government，1575 年）说："现如今，好酒不再需要常春藤花环（ivye garland）来招徕顾客了。"

耍杂技的带着他的猴子（The juggler with his ape）。此处的猿猴被训练用来表演杂技，如今街头风琴手仍带着猴子以娱乐观众。在莎士比亚的《冬天的故事》（The Winter's Tale）第四幕第三场第 101 行中，小丑形容奥托利科斯（Autolycus）说：“我很熟悉这个人；他以前是个耍猴的（ape-bearer）。”即是指他曾带着受过训练的猴子到处表演。

Cantabanqui。流浪的街头民谣歌手，字面意思是“站在长

南安普顿城门（巴尔门）

凳上唱歌的人”，源自意大利语 catambanco（早期为 cantinbanco）。对比亨利·泰勒爵士（Sir Henry Taylor）的《菲利普·范·阿特维尔德》（Philip van Artevelde）第一幕第三场第二行：

创作此曲的并非酒馆中的流浪歌手（cantabank），

而是殿下宫廷中一位侍臣歌人。

托帕斯爵士的传奇（The Tale of Sir Topas）。乔叟（Chaucer）所著《坎特伯雷故事集》（Canterbury Tales）中的一篇，即《托帕斯爵士韵诗》（The Rime of Sir Topas），是一首嘲讽当时流行的骑士传奇诗的谐拟之作，采用传统的民谣形式。

南安普顿的贝维斯（Bevis of Southampton）。威廉一世（William the Conqueror）时期的一位传奇英雄人物。他在莎士比亚《亨利八世》（Henry VIII.）第一幕第一场第 38 行被提到：

那个旧时神奇的传说，

如今显得颇有可能，于是人们相信贝维斯的故事；

意即那些古老的传奇故事开始变得可信起来。在《亨利六世（下）》（2 Henry VI.）第二幕第三场第 89 行："我要狠狠地砍你一刀（have at thee with a downright blow）"之后，有些编辑还添加了来源于该剧原型旧戏的一句话："正如南安普顿的贝维斯扑向巨人阿斯卡帕特（Ascapart）时一样。"据传说，贝维斯曾征服这位名叫阿斯卡帕特的巨人。曾经有贝维斯与阿斯卡帕特的雕像装饰于南安普顿（Southampton）的城门（Bar-gate），见下一页插图；但几年前城门修缮时，这些雕像已移至博物馆保存。

亚当·贝尔（Adam Bell）与峭壁的克莱姆（Clymme of the Clough，即 Cliff）。古代一首流行的民谣中的人物，这首民谣收录于《珀西遗珍集》（Percy's Reliques）。

法定羊毛帽（The woolen statute-caps）。根据 1571 年英国国会法案的规定，平民必须在星期日和节假日戴这种羊毛制成的帽子。贵族不受此规定约束。史特莱普（Strype）记载道，这一法案的出台“是为了保护制帽行业”，是伊丽莎白女王时期众多保护特定行业的措施之一。参见莎士比亚《爱的徒劳》（Love's Labour's Lost）第五幕第二场第282行：“哎呀，比你聪明的人也戴过这种朴素的法定帽子。”正如奈特（Knight）所指出的，这项法案极不得民心。

第209页：“巴斯之妇”的丈夫（The Wife of Bath's husbands）。此处指乔叟（Chaucer）的《坎特伯雷故事集》（Canterbury Tales）中朝圣者之一的巴斯妇人。在她所讲述的故事前的自序中，她提到自己的五个丈夫时说：

我用自己的方式管教他们，

让每个人都欣喜雀跃，

为我从集市带回精美礼物。

意即，正如她接下来解释的那样，她的丈夫们乐于从集市上买来礼物讨她欢心，否则她会对他们表现得“尖酸刻薄（spitously，即spitefully）”。

狂妄的脑袋尚未开口，脑袋要被打破的地方（Where a coxcomb will be broke）。此处意指头部会被打破，但要注意，这里所说的“破”（broke）并不是指头骨骨折，而只是头皮受伤出血的意思。一些莎士比亚的评论者有时会误解这类说法。例如，《罗密欧与朱丽叶》（Romeo and Juliet）第一幕第二场第52行中，主人公说：“你的车前草叶（plantain-leaf）治疗那个最好”（指破损的胫骨“broken shin”）。著名的德国评论家乌尔里奇（Ulrici）误解了这一点，认为罗密欧一定是在开玩笑，因为车前草只用来止血，而不用于治疗骨折。参见《第十二夜》（Twelfth Night）第五幕第一场第 178 行中，安德鲁爵士（Sir Andrew）说："他把我的头都打破了（He has broke my head across），也给托比爵士（Sir Toby）留下一个血淋淋的伤口（a bloody coxcomb）。"

第 212 页： Incurious。即朴实无邪的、不讲究的、不挑剔的，出于最初 careful（细致）的意义；因为这些乡下人并不挑剔，所以很满意那些水平较低的演员。

第 213 页： "绿色摇篮"（green lap）中"躺着"的年轻诗人。此处引用托马斯·格雷（Thomas Gray，1716－1771）的诗作《诗艺进程》（The Progress of Poesy）中关于莎士比亚的著名句子：

远离阳光和夏日微风，
大自然的宠儿躺在你的绿色怀抱中。
那时，清澈的埃文河蜿蜒流淌，
伟大的母亲向他显露了她庄严的面容；
那个无畏的孩子伸出双臂微笑着。
"拿着这支画笔吧，"她说，"它明丽的色彩
能描绘出春天的景象；
还有这些金色的钥匙，也归你，永恒的孩子！
这把能开启欢乐之门，
那把则能解开恐惧与颤栗，
或者打开同情的泪泉。"

莎士比亚（Shakespeare）这个姓氏在当时十分常见，参见前文第 196 页“英冈的佃户”（The tenant of Ingon）的相关说明。

第 214 页：已经有许多专著讨论莎士比亚作品中的植物知识。其中最优秀的是艾拉科姆牧师（Rev. H. N. Ellacombe）所著的《莎士比亚的植物知识与园艺技艺》（Plant-Lore and Garden-craft of Shakespeare），下一页中即引用了该书的内容。

在这园墙之内：In the compass of a pale。在一个有围栏或墙壁环绕的花园或范围内。

第 215 页：花圃混乱不已，即环绕交织而成的花坛。对比弥尔顿（Milton）的《失乐园》（Paradise Lost）第四卷第 242 行："花坛和精妙的结(knots)"；另见莎士比亚的《爱的徒劳》(Love's Labour's Lost）第一幕第一场第 249 行："你那精妙编织的花园（curious-knotted garden）。"

放任这个春天失序的人 He that hath suffer'd, etc. 此处引用的是莎士比亚《理查二世》（Richard II）中的台词。

第 216 页：证明他的真实职业。有许多书籍和文章都试图证明莎士比亚对各种专业领域有深入的了解，比如法律、医学、军事、航海等。

附录

第 19 页：字母 E. R. 年轻读者可能需要知道，这两个字母代表拉丁文“Elizabeth Regina”，即“伊丽莎白女王”。参见下一页插图。

第 36 页：罗伯特·斯特拉福（The elder Robert of Stratford）。西德尼·李（Sidney Lee）说道：“斯特拉福的罗伯特是主教罗伯特和约翰的父亲，他是斯特拉福的富裕居民，在当地热心公益事业，并为儿子们树立了榜样。一般认为，1296 年当地行会小教堂及附属的医院（济贫院）即由他所创建。”

第 60 页：高街上的古老宅邸（Old House on High Street）。这座房屋是斯特拉福镇内伊丽莎白时代建筑的最佳典范之一，建于 1596 年，由托马斯·罗杰斯（Thomas Rogers）建造。他的女儿凯瑟琳（Katherine）后来嫁给了伦敦圣救世主堂区（St. Saviour）的一位屠夫罗伯特·哈佛（Robert Harvard），他们的儿子约翰·哈佛（John Harvard）即为哈佛大学（Harvard College）的早期捐赠人，这所大学也因此得名。托马斯·罗杰斯的这座房子位于莎士比亚晚年居所“新居”（New Place）的正对面，因此罗杰斯父女很可能认识这位著名的邻居，也许还看过他的演出。第 60 页的插图并未充分体现房屋正面的精美雕刻，而亨利・F・沃特斯（Henry F. Waters）的《英国谱牒拾遗》（Genealogical Gleanings in England）一书中有清晰的整版印刷图像，并首次揭示了约翰・哈佛的家谱。房屋二楼窗户下方刻有如下铭文：

TR 1596 AR

其中，“AR”很可能代表罗杰斯的第二任妻子爱丽丝（Alice Rogers），这表明第二次婚姻发生于 1596 年之前。沃特斯先生未找到托马斯第一任妻子玛格丽特（Margaret）的葬礼记录，而爱丽丝的葬礼记录为 1608 年 8 月 17 日，托马斯本人的葬礼则是在 1610-1611 年的 2 月 20 日。莎士比亚曾入股的环球剧场（Globe Theatre）也位于伦敦的圣救世主堂区。罗伯特・哈佛于 1625 年去世并葬于圣救世主教堂。他的遗孀似乎在去世前又经历了两次婚姻（先后嫁给约翰・埃莱特森 John Elletson 和理查德・耶伍德 Richard Yearwood），但沃特斯先生提供的埃莱特森的结婚日期（1625 年 1 月 19 日）若正确，则其丈夫罗伯特・哈佛的去世日期（1625 年 8 月 24 日）必然有所差错。

第 114 页：“出意外”Shrewd turns。即倒霉的事情、不幸的遭遇。对比莎士比亚《亨利八世》（Henry VIII.）第五幕第三场第 176 行：

我看到你确实验证了

民间流传的那句话：

只要你对坎特伯雷大人作个坏事，

他便会永远做你的朋友；

即他会以德报怨。又如《皆大欢喜》（As You Like It）第五幕第四场第 178 行：

此后，凡与我们一同

度过那些艰难岁月的人，

都将分享我们重获幸运的福报；

以及乔叟《梅利柏斯的故事》（Tale of Melibæus）中：“先知云：远离恶行（shrewdnesse），行善事，”等等。

第 166 页：肩扛执法官的权杖（A sergeant at-arms his mace），在古英语中，his 经常用于缺乏所有格（genitive）变化的专有名词之后，16 世纪后逐渐频繁取代所有格词尾（-s）的用法。17 世纪至 18 世纪，这种用法偶尔出现，因为当时有语法学家错误地认为所有格词尾是 his 的缩写。莎士比亚剧中也偶见此类用法，如《第十二夜》（Twelfth Night）第三幕第三场第 26 行：“伯爵他（the count his）的战舰”，等等。

第 194 页：在那个音乐尚未陨落的时代（An age of music）。伊丽莎白时代正是这样一个时期。莎士比亚本人非常热爱音乐，并明显具备音乐方面的知识，这从其作品中众多的音乐引用中可见一斑。在他的作品中，至少有 32 部戏剧的文本涉及音乐话题，并且在 36 部戏剧中散布着超过三百个涉及音乐的舞台指示。爱德华・W・内勒（Edward W. Naylor）在其《莎士比亚与音乐》（Shakespeare and Music，1896 年伦敦出版）一书中提到：“16 世纪和 17 世纪，实际掌握音乐技巧是王室成员、贵族及中产阶级教育的标准部分……大量当时作者的记载清楚表明，低层阶级对音乐也充满热情。大量证据表明，当时包括铁匠、煤矿工人、布工、鞋匠、补锅匠、巡夜人、乡村牧师以及士兵在内的普通人都会参与合唱（尤其是‘轮唱曲’）……如果有哪个国家在历史上称得上是‘音乐之国’，那么 16 世纪和 17 世纪的英国当之无愧。不论是国王还是乡间农夫，每个人都能唱和谐的声部，音乐已融入他们的日常生活……至少在这一点上，过去确实是‘美好的旧时代’，比起我们今日要好得多。即便是伊丽莎白时代酒馆里的歌曲，都是三声部的卡农，现代若想在初次尝试中完成这样的歌曲演唱，恐怕只有最顶尖的专业歌手才能做到。”

第 209 页：亲爱的（Sweet hearts），此处不是“Sweethearts”（甜心）的印刷错误，“sweethearts”最初就是两个单独的词，用作温柔或深情的称呼。莎士比亚戏剧中“sweetheart”仅出现于《冬天的故事》(The Winter's Tale) 第四幕第四场第 664 行：“拿上你甜心（sweetheart）的帽子”，等等。

适合课程教学的莎士比亚作品

哪些莎士比亚剧作适合学校教学？教授时应遵循怎样的顺序？教师们经常向我提出这些问题，在此我将简要地尝试给出答案。

在标准版本所收录的莎士比亚 37 部剧作中（若将《两位贵亲戚》计入则为 38 部），至少有 20 部适合于“混合”学校（即男女共学的学校）使用。在喜剧方面，包括：《威尼斯商人》、《仲夏夜之梦》、《皆大欢喜》、《第十二夜》、《无事生非》、《暴风雨》、《冬天的故事》和《驯悍记》；在悲剧方面：《麦克白》、《哈姆雷特》、《李尔王》和《罗密欧与朱丽叶》；在历史剧方面：《尤利乌斯·凯撒》、《科利奥兰纳斯》、《约翰王》、《理查二世》、《亨利四世（上）》、《亨利五世》、《理查三世》和《亨利八世》。

某些剧目如《辛白林》、《奥赛罗》和《安东尼与克莉奥佩特拉》，依我看，不宜用于男女混合班级，但教师可根据具体情况自行决定是否使用。

若只选一部剧本，我个人首选《威尼斯商人》；但对于以古典为教学重点的学校而言，则应首选《尤利乌斯·凯撒》。现在几乎所有著名大学都要求学生作为英语学习的一部分，至少要读莎士比亚的一至两部剧作，而其中几乎每一年都包括《尤利乌斯·凯撒》。

若能选择两部作品，可以是《威尼斯商人》和《尤利乌斯·凯撒》；也可任选其中一部，搭配《皆大欢喜》，若希望有悲剧则可搭配《麦克白》。《麦克白》是莎士比亚四大悲剧中篇幅最短的一部（例如仅比《哈姆雷特》略长一半），在我看来毫无疑问最适合普通学校课程。

若选三部作品，可以是：《威尼斯商人》（或《尤利乌斯·凯撒》）、《皆大欢喜》（或可选用福尼斯瓦尔所称的“阳光或甜美三喜剧”中的另外两部：《第十二夜》或《无事生非》之一）和《麦克白》。若希望选一部英国历史剧（如《约翰王》、《理查二世》、《亨利四世（上）》或《亨利五世》）代替喜剧亦可；若教学时间充裕且教师有意，则可将《麦克白》换成《哈姆雷特》。如前所述，《哈姆雷特》的篇幅约为《麦克白》的两倍，因此需花费至少三倍的教学时间。

若希望增加第四部，可选择《暴风雨》。将《麦克白》和《暴风雨》两部剧目合起来（依“Globe 版”共 4061 行）仅比单独的《哈姆雷特》（3929 行）稍长，因此其教学所需时间实际少于《哈姆雷特》。

若再增加第五部，可选择《哈姆雷特》、《李尔王》或《科利奥兰纳斯》；若倾向于更短小轻松的作品，则可选择《仲夏夜之梦》。在五部剧目的课程设计中，我个人建议将《仲夏夜之梦》排在首位，以展示莎士比亚早期作品风格。如专门安排五部剧目，以展现莎士比亚创作生涯的各个阶段，推荐以下组合：

《仲夏夜之梦》（早期喜剧）；

《理查二世》、《亨利四世（上）》或《亨利五世》（英国历史剧阶段）；

《皆大欢喜》、《第十二夜》或《无事生非》（较后期喜剧）；

《麦克白》、《哈姆雷特》或《李尔王》（伟大悲剧阶段）；

《暴风雨》或《冬天的故事》（莎士比亚最后阶段的剧作，即道登称之为“传奇剧”的作品）。

若安排六部剧目，可在上述按年代顺序的基础上，选两部英国历史剧，而非一部，即：选择《理查三世》、《理查二世》或《约翰王》（较早期历史剧，1593－1595），再加上《亨利四世（上）》或《亨利五世》（较后期历史剧，即 1597－1599 年左右的历史剧与喜剧的融合风格）。

许多教师在选定三或四部剧目的课程中喜欢加入《理查三世》；但就个人而言，我只有在安排六部及以上剧目时才会考虑此剧，且主要用来展示莎士比亚最早期作品的风格（不晚于 1593 年）。正如厄舍尔豪泽所言：“《理查三世》是划分莎士比亚青年时期作品与他更为成熟、辉煌的不朽作品之间的重要界碑。”作为展示莎士比亚文学生涯历史进程，这部剧有一定价值，但我个人认为除此之外并无太多教学上的必要。当然，对于持不同意见者，我也不愿过多争论。

再回到课程安排话题：若增加至七部剧目，我会在上述年代顺序剧目中加入《罗密欧与朱丽叶》（早期悲剧，排在“早期历史剧”前）或《威尼斯商人》（中期喜剧，排在“早期历史剧”后）；若为八部剧目，则这两部剧作均应加入。

《亨利八世》可以作为莎士比亚非常晚期的作品添加进较长系列的剧目之中。这部剧作仅部分由莎士比亚所作，其余部分由弗莱彻完成。《驯悍记》则可作为一部较早期的剧作加以提及，因其也仅部分出自莎士比亚之手。

最后，让我向诸位教师推荐莎士比亚的十四行诗集（Sonnets），作为对任何较长莎剧课程的一种有益的补充。这些诗作目前并未得到教师或普通文化人士应有的关注。我个人教学经验表明，只要能引起学生的注意，年轻人都会对这些诗作产生浓厚兴趣。我曾经在课堂上非正式地讲解过十四行诗，仅为填补一次因意外而未能及时拿到剧本教材所产生的空余课时。几个月后，当我征求班级意见，请他们自由选择下一部要学习的莎士比亚剧目时，有几位女生提出能否学习十四行诗集，这一提议随后得到了班上大部分学生的赞同。我们花费了与通常学习一部剧作相当的时间来教授十四行诗，而这次课程既令我感到愉快，也据我观察，学生从中获得的益处相当丰富。

W. J. 罗尔夫

约翰·莎士比亚家族纹章

www.ingramcontent.com/pod-product-compliance
Lightning Source LLC
La Vergne TN
LVHW101935220826
846093LV00009B/466

* 9 7 9 8 9 9 8 5 0 1 1 9 7 *